U0938305

韓風吹拂

한류의 바람

細探韓國文化之妙

韓國文化旅遊作家
Joyce Cheuk 著

萬里機構

推薦序一

（中文翻譯）

如今，韓流早已不再只是單純的文化現象，而是成為全球人民重新發現韓國、與韓國產生交流與共鳴的重要平台。多年來，卓惠媛女士以香港為據點，將韓國的文化與精神傳遞至東亞乃至全世界，親身見證並參與了這一平台的形成與發展。

卓惠媛女士多年來深入研習韓語與韓國學 (文化)，透過超過百場的講座、著作與廣播節目等，擔任起連結韓國的傳統與現代、日常與藝術、地方與世界的橋樑角色。

尤其難能可貴的是，她跳脫旅遊者的視角，深入關注韓國的都市再生、在地文化，以及 K 內容產業等多元面向，展現出對韓國深度的熱愛。

這本書，正是她多年來對韓國深厚情感與探索歷程的精華結晶。

隨着她的視角，我們將不僅停留於韓流的表面，而能重新認識那些被忽略的人物與故事，發掘更多韓國真正的文化魅力。

衷心期盼世界各地有更多人能理解並喜愛韓國文化，並向這位真正的韓流推廣大使——卓惠媛女士，致上最深的敬意。

鄭炳國 委員長

韓國文化藝術委員會

(韓文原文)

* 한류는 이제 단순한 문화현상이 아닌 , 세계인들이 한국을 새롭게 발견하고 교감하는 플렛폼입니다 .

홍콩을 중심으로 동아시아와 세계 곳곳에서 한국의 문화와 정신을 전해온 탁혜원님은 그 플렛폼을 스스로 만들어 온 산 증인입니다 .

탁혜원님은 수년간 한국어 , 한국학을 직접 연구하며 ,100 여회가 넘는 강연과 저술 , 방송을 통해 한국의 전통과 현대 , 일상과 예술 , 지역과 세계를 잇는 교두보 역할을 해왔습니다 .

특히 단순한 여행을 넘어 한국의 도시재생 , 지역문화 ,k- 콘텐츠 산업까지 폭넓게 조명하며 , 한국을 사랑하는 마음을 가장 실천적으로 보여주었습니다 .

이 책은 한국을 향한 그의 깊은 애정과 오랜 여정의 집약체입니다 .

우리는 탁혜원님의 시선을 따라 , 한류의 겉모습을 넘어 숨은 이야기와 사람들 , 그리고 한국이 지닌 진정한 매력을 새롭게 마주하게 될겁니다 .

세계 곳곳에서 한국을 이해하고 사랑하는 사람들이 더 많아지기를 바라며 , 진정한 한류홍보대사인 탁혜원님의 노고에 깊은 경의를 표합니다 .

정 병 국 위원장

한국문화예술위원회

推薦序二

(中文翻譯)

近年來，韓國文化不僅在香港，也深深抓住了全世界人們的心。然而，對於非韓國人而言，出版一本能夠超越自身文化、全面理解並介紹他國文化的書籍，並非易事。因為那需要長時間的積累，還必須擁有無比開放的心胸與深厚的熱愛才有可能實現。

作家卓惠媛從 K 內容出發，延伸至韓食與飲食文化、韓國的宗教、韓國文學、韓語，乃至於與香港相似卻又不同的城市再生、寺廟寄宿體驗（Temple Stay）、非武裝地帶（DMZ）等，透過她獨特的視角，細膩地描繪出韓國獨有的特色。

《韓風吹拂：細探韓國文化之妙》這本書，對於渴望體驗韓國文化之美與魅力的讀者而言，將會是一場深入探索從傳統文化到當代韓流趨勢的寶貴旅程。此外，書中不僅講述了韓國首都首爾的故事，也生動描寫了慶州、光州、釜山等與首爾截然不同的城市所蘊含的文化特色，內容相當引人入勝。

作者希望透過這本書，與熱愛韓國文化的讀者們一同感動，並開創出一個交流對話的空間。書中共分為八章，字裏行間充滿了作者對韓國的深厚情感與熱愛。

衷心期盼這本書能成為各位讀者發現韓國文化真正之美的小嚮導。也願這趟旅程超越界限，帶來更深的理解和喜愛。

駐香港韓國文化院院長 崔宰源

2025 年 7 月 4 日

(韓文原文)

최근 한국 문화는 홍콩 뿐만 아니라 전 세계인의 마음을 사로잡고 있습니다 . 그러나 한국인이 아닌 사람이 자국의 문화를 넘어 다른 나라의 문화를 온전히 이해하고 소개하는 책을 펴낸다는 건 쉽지 않은 일입니다 . 그건 상당한 물리적인 시간의 축적과 함께 한없이 열린 마음과 애정이 있어야만 가능한 일이기 때문입니다 .

탁혜원 작가는 K 콘텐츠로 시작해서 , 한식과 음식 문화 , 한국의 종교 , 한국 문학 , 한국어 뿐만 아니라 홍콩과 같으면서도 다른 듯한 도시 재생과 템플 스테이 , DMZ 등 독특한 한국만의 특징을 작가의 특유의 시각으로 풀어냅니다 .

'한류의 바람 - 한국 문화의 아름다움을 답사하다' 책은 한국 문화의 아름다움과 그 매력을 체험하고자 하는 독자들에게 전통 한국문화와 최근의 한류 동향까지 이르기까지 깊이 있는 문화 탐방의 소중한 기회가 될 것입니다 . 또한 한국의 수도인 서울의 이야기만이 아니라 경주 , 광주 , 부산 등 서울과 다른 문화적 특색이 살아 있는 도시들의 생생한 이야기도 매우 흥미롭습니다 .

저자는 이 책을 통해 한국 문화를 사랑하는 이들과 감동을 함께하고 담론을 나누는 공간을 만들고자 했습니다 . 총 8 장에 담긴 이야기들은 한국을 사랑하고 이해하고자 했던 작가의 애정이 듬뿍 담겨있습니다 .

이 책이 독자 여러분들에게 한국 문화의 진정한 아름다움을 발견하는데 작은 길잡이가 되기를 바랍니다 . 그리고 그 여정이 경계를 넘어 더 깊은 이해와 애정으로 이어지기를 소망합니다 .

주홍콩한국문화원장 최재원

2025.7.4.

自序

十多年前，我初次走進韓國，還沒有現在這般「K」風盛行的熱潮。當時的我，只是個對韓文好奇、想正兒八經地學學韓文，回到校園放個短假，再回香港找下一份工作，誰知道因此而改變了一切⋯⋯

那時候的韓國對外來者來說仍帶着一種讓人既想靠近的簡單、但有時又摸不着頭腦。直到真正走進韓國社會、走進釜山的大街小巷、與本地人長談深論，我才發現，原來我們對韓國文化的理解，只是冰山一角，而那片隱藏在表層之下的文化大海，既廣闊又複雜。

在這本書的開頭，我想先談談我們對韓國文化最普遍的「既定印象」與「盲點」。很多人會說，韓國人整天吃泡菜、韓劇都是愛情劇、偶像團體長得都差不多，說起韓國的歷史只記得世宗大王，甚至誤以為整個國家就是「K-POP」加「整容」。但當你走得深一點，你會發現——原來泡菜的世界如此多元，不只是辣白菜；原來一部愛情韓劇背後的歷史背景，可以勾勒出韓國社會的變遷；原來偶像手燈的設計與認同，是文化輸出的代表作；原來一個城市的再生計劃，可以藏着很多城市記憶和人文風情。

這種「估唔到」的瞬間，是我認識韓國文化過程中最令我着迷的時刻。每一次訪談、走訪、交流和體驗，都讓我發出一句：「原來如此。그렇구나。」這也是我為這本書定下的出發點——讓大家透過不同主題，重新看見韓國，並產生好奇與思考：這是歷史遺留下來的文化嗎？還是時代的反映？是流行趨勢還是社會結構的縮影？還是韓國對全球文化戰略的佈局？

人們常說：「讀萬卷書，不如行萬里路。」這本書正是我十年走過韓國無數地方、聆聽無數故事後的一些筆記的整合中的一小部分，也是我經過了韓國學（Korean Studies）的研習後，想與對韓國深度文化有共同興趣的朋友一同分享的精選部分。那麼，甚麼是「韓國學」？許多人以為這是語言學或歷史研究的一部分，但其實，韓國學是一門跨學科的學問，它包羅了政治、社會、經濟、文化、宗教、都市發展甚至大眾傳播等面向。在釜山國立大學攻讀碩士期間，我深入研究了韓國文化政策、創意文化旅遊、城市規劃、韓食全球化的策略，多角度觀察和累積，讓我明白文化不是單一面貌，而是各個面向交織而成的結構。從泡菜到韓牛、從粉絲文化到文學書店、從寺廟住宿到城市再生，每一個元素都能反映韓國人如何看待自身與世界的關係。這正是我在本書每個章節想要討論的內容——讓每一篇文章都成為一個討論的起點，而不是定論。

這些年來，我參與過上百場文化講座與活動，與不同年齡層的讀者和觀眾對話。有人對韓食充滿好奇，有人對網路語言着迷，有人問我寺廟住宿是不是在「逃避現實」，有人問我如何看韓國佛誕與 EDM 音樂派對為何可以拉上關係，也有人對韓劇中常見的敬語和社會階序感到困惑。這些問題都成為我思考與觀察的素材。

我相信，每一個主題都有其厚度與深度，也希望能打破大家對韓國文化的既有認知，讓每位讀者在閱讀之中都能找到一個屬於自己的「原來如此」時刻。

十年走過，這不只是一個文化研究者的旅程，也是一次文化同行者的筆記。韓國文化不應被簡化為表層的熱潮與流行，它值得我們更細膩地感受與理解。期待這本書，能引發你對文化的更多提問與思考；也許在不久的將來，我們以此書的每一個小章節作為一系列研討或演講的開場白。

卓惠媛 Joyce Cheuk

寫於釜山，2025 春末初夏之際

前言

原來如此그렇구나

若你在過去十年中曾聽過「K-pop」、「韓劇」、「泡菜」、「韓國整容」這些字眼，你就已經參與了某種程度的韓國文化接觸。然而，這樣的認知，是不是對「韓國文化」的全貌有足夠理解？抑或，其實只是冰山一角？

我經常在演講、教學與撰文過程中，被問到一個簡單卻值得深思的問題：「韓國文化究竟是甚麼？」這本書便是我嘗試以文字一一回應、分享、梳理並深入探討這個問題的開始。

當我們以為了解韓國文化時，我們到底知道了多少？

韓國文化的全球擴散是一個當代文化傳播學的重要現象。從 2000 年代初期韓劇《冬季戀歌》在亞洲引發熱潮，到今日 BTS 登上美國告示牌（Billboard），Netflix 大舉投資韓國內容（K-content），我們無可否認地正在見證「K」這個字母的國際崛起。這股熱潮背後的成功，很多人會歸因於韓國政府的「文化輸出」政策，韓流明星的努力，亦或是媒體平台的放大效應，當然也是時代。然而，深入觀察便會發現，這不是單一因素導致的現象，而是一個牽涉歷史背景、社會文化變遷、價值觀輸出、產業策略、地方經濟與全球文化資本流動的複雜組合。

我們對韓國文化的理解，往往停留在表象層面 —— 喜歡某首 K-pop 歌曲、模仿韓劇女主角的穿搭、追看綜藝節目的爆笑片段，甚至迷戀韓式炸雞與拉麵的味道 —— 但在這些看似日常與娛樂的背後，卻蘊含着豐富的文化線索。當我

們愈深入了解，就會愈常出現一個念頭：「原來如此。그렇구나。」—— 那是驚喜，也是對過往刻板印象的鬆動。這本書便是以這種「發現」為核心書寫，從觀察出發，試圖將韓國文化解讀為一個開放式的議題系統。

我希望每一篇章，都是一場對話的開始

在這本書中，我刻意以多元主題分類，從流行文化、飲食文化、宗教信仰、語言系統、文學、城市再生到自然地理，希望每個章節都不只是資料的羅列，更是一場開放式的討論邀請。

例如，我們會談論 K-pop 的應援文化與光棒設計是否構成新時代的情感聯繫形式；我們也會探討為何寺廟住宿（Temple stay）會變成一種都市人尋求心靈平靜的文化趨勢；再如，地方城市的更新如何轉化韓國的文化觀光政策，從被動接受觀光客到主動策展自身歷史敘事。你會慢慢發現，從 K 字頭的全球化策略到泡菜的發酵科學，從敬語體系中的階序觀念到韓國文學的複合空間，每一個文化現象的背後，其實都有一個時代的語境與社會需求。

此書作為一趟文化旅程，結合實地考察、文獻研究與親身體驗，撰寫以下八大章節，分為八個主題章節，從 K-Content 切入韓流的演變與背後結構，再深入飲食、信仰、語言、文學、都市、地理等層面。每一章的結構由淺入深，兼顧當代熱點與冷門知識：

1. K 字頭的全球風潮，從 K-pop 到 K-Content 的產業策略與文化擴張
2. 韓食的地域、歷史與創新，細說飲食文化的多樣性與傳播策略
3. 韓宗教與民間信仰的當代表現，包含寺廟住宿與現代靈性追求
4. 韓文學與閱讀空間的轉型，探討書店與文化空間的跨界融合
5. 語言與文化的鏡像關係，從敬語、方言到新造語與網路語言
6. 城市更新與文化再生，記錄首爾、釜山、光州等地的實驗與轉型
7. 韓國行走記事，從非武裝地帶到登山文化，理解空間與記憶的連結
8. 從我的鏡頭看韓國四季風物

這本書不可能囊括韓國文化的全部，但我希望它是一個起點，願你在每個章節中，都能有一個「估唔到」的瞬間；在每一則故事裏，都能發出「原來如此，그렇구나」的會心微笑。

慢步韓國，畫下風情

韓國，不只是一座國家，更像是一幅正在持續描繪的風情畫。若你曾走過首爾的巷弄、坐過木浦的舊火車、在釜山的夜市裏聽過海浪聲，那你也許會理解：這幅畫並不只是靜止的風景，而是隨時間而變的生活軌跡與文化記憶。

我寫這本書的起點，並非源於一場華麗的旅程，而是多年來反覆在不同城市生活與採訪中累積下來的片段。曾經在清溪川邊與當地居民一起聽水聲，也在全州韓屋村的傍晚，與修復匠人一起看着日光如何落在瓦片之間的縫隙。這些畫面，讓我理解「城市」這件事，都在用自己的語言，訴說關於文化、傳統與未來的故事。

這些年來，韓國各地興起的都市再生計劃與文化資產保育行動，讓我深切感受到一種特有的美感——那種不是推倒重建的力量，而是把斑駁的牆面重新整理、讓廢棄鐵道變身為城市花園、讓被遺忘的巷弄重拾故事與人聲的溫度。這些，不只是一種政策的執行，更是一種文化觀點的轉變——從「開發」走向「共生」，從「遺忘」走向「再敘述」。

願這些分享，也能成為你看見韓國不同角度的起點。

目錄

第 6 章：都市再生與永續發展

第 7 章：深度行走韓國

第1章

K 字頭文化

K 콘텐츠

1.0 以“K”代表韓國、韓國文化，直到2025年有多少個新的K？

從“K-Pop”開始，“K”這個字母已經超越了英文字母的基本意義，轉化為韓國文化（K-Culture）的一個象徵性標籤。以“K”為前綴的文化、產品與產業已蔚為風潮。到了2025年，這個文化符號不僅持續延伸，更擴張到許多意想不到的領域，成為韓國軟實力最具辨識度的象徵之一。那麼，從韓國文化的源起、演變、行銷策略、全球化經驗與創新導向出發，到2025年，我們可以辨識出多少個「新的K」呢？

“K”的文化基因——從K-Pop起飛

“K-Pop”可能是最早讓世界注意到“K”品牌的文化出口。從1990年代末期起，SM、YG、JYP等娛樂公司打造了偶像練習生制度，並以高度製作化的音樂、舞蹈、時尚與MV，創造了一套獨有的流行文化模式。這種模式成功輸出至亞洲各地，並在2010年代之後透過YouTube、社交媒體與國際演唱會，進軍歐美市場。

隨着 K-Pop 的成功，K-Drama（韓劇）也成為推動韓國文化的另一主力。《孤單又燦爛的神：鬼怪》、《太陽的後裔》、《愛的迫降》、《魷魚遊戲》等作品屢屢掀起全球熱潮，推動 K-Beauty（韓妝）、K-Food（韓食）、K-Fashion（韓流時尚）等衍生文化的成長。

韓國文化逐漸在全球獲得關注，政府與企業也開始著眼於其品牌化潛力。自 2015 年起，韓國文化體育觀光部積極塑造以「K-Culture」為核心的國家文化形象，並延伸至更多非傳統領域。

以下是至 2025 年出現的「K」：

K-Startup：韓國創業文化的全球名片，強調技術創新、政府支持與國際化。K-Startup Grand Challenge 吸引世界各地創業者進駐首爾。

K-Games：代表韓國電競與遊戲產業，象徵着韓國在電子競技與數位遊戲領域的強勢崛起。韓國都已發展出一套獨具特色的電競文化與產業體系。憑藉高水準的職業選手、完善的基礎設施與國際賽事運營經驗，韓國成為全球電子競技的重要樞紐，也促成了與遊戲相關的內容創作、直播與粉絲經濟等多元文化現象的興盛。如釜山電競館（BRENA）。

K-Webtoon / K-Comic：韓國的數位漫畫平台如 Naver webtoon, LINE Webtoon、Kakao Page 進軍全球市場，

作品改編為戲劇、動畫或電影，成為 IP 金礦。

K-Design：結合極簡美學與創新設計思維，韓國設計師與產品逐漸在國際設計圈嶄露頭角，例如三星、LG 的工業設計獲得多項國際大獎。

K-Lifestyle：這是個綜合性的新興“K”，涵蓋居住美學、韓式健身（如 Pilates+ 韓式療癒）、冥想與生活方式品牌，尤其受到 Z 世代與千禧世代青睞。

K-ESG / K-Green：韓國政府與企業強調永續發展政策，出現以“K”為核心的綠色行動策略，並輸出相關技術與理念。

“K” 文化的全球策略

“K”的魅力並非單純模仿西方，而是源自於將韓國本土文化轉譯為全球可以理解的語言。這種文化轉譯策略成功讓韓國文化從「亞洲潮流」晉升為「全球文化參與者」。

舉例而言，K-Food 不僅是泡菜、燒烤，更進化為 K-Gastro 文化體驗，包括米芝連韓國料理、融合菜、發酵飲食健康理念。而 K-Fashion 則強調韓國街頭風格與高級訂製的結合，成為時裝週上的常客。

到了 2025 年，“K” 正跨足 AI、元宇宙與 XR（延展實境）領域。例如 SM 與 Kakao 都投資於虛擬偶像與 AI 作詞技術，打造全新的 K-Pop 演出模式。例如以 SM 娛樂與 LG U+ 合作的虛擬偶像「naevis」（nævis）為例，該角色由生成式 AI 生成聲音，並透過 2D/3D 視覺內容與粉絲互動，其首支單曲定於 2024 年底由 SM 帶動推出，展現 AI ＋ KPop 的新面貌。Zepeto 與 NAVER 旗下的 Metaverse Korea 平台成為全球青少年文化交流的新場域。

從 K-Pop 到 K-AI，從音樂到太空，韓國的 “K” 品牌不再只是流行文化的標籤，而是一套高度整合的國家形象與文化輸出策略。它成功結合政府政策、企業資源與創意產業，形成強大的文化經濟體。

截至 2025 年，我們可以辨識出的「新的 K」已有超過 20 種，未來勢必會有更多隨着時代與科技變化而誕生的 “K” 和 “Kulture”。

1.1 “K” 的全球化：包含韓國精神的國際語言

當我們談及“K”的全球策略時，除了可關注對外輸出的數量與規模之外，還可以聚焦於「包含韓國精神或本土精神的國際語言」。

一、語言的轉譯：從地方方言到全球共感

韓國文化的最大突破，是讓極具地方特色的語言與文化符碼，成功轉譯為國際觀眾也能感同身受的內容。韓國流行音樂雖多數以韓語演唱，但卻因其旋律、節奏、情緒與視覺呈現的國際性而成功進入歐美市場。BLACKPINK、BTS雖唱韓語，但他們所講述的「自我認同」、「成長痛苦」、「愛與自由」等主題，是全世界年輕人共鳴的心理語言。

這種文化翻譯策略不在於全面英文化或迎合西方，而是保留韓語、韓式敘事邏輯與本土元素，在包裝與傳播手法上，找到了全球觀眾可以進入的切口。

二、敘事的共鳴：講好一個「小故事」，感動全世界

韓國文化策略的另一個關鍵，是擅於以「個人故事」為敘事核心，將韓國社會的集體記憶轉化為具有普世情感的劇情。例如《上流寄生族》（Parasite）並不是一部試圖討好全球市場的影片，它完全以韓國社會的貧富差距、空間壓迫與家庭倫理為主題，卻因其深刻的寓意與情節設計，讓世界各地觀眾感同身受，進而產生共鳴。

K-Drama 如《回答吧 1988》、《我的出走日記》、《非常律師禹英禑》等也呈現了極具在地色彩的生活場景與情感困境，但因其敘事誠實與情感真實，在國際市場上大獲好評。這種以「微觀社會」出發，觸發「宏觀共鳴」的敘事策略，是韓國文化輸出成功的關鍵之一。

三、媒介與平台的革命：善用數碼工具說故事

韓國文化的全球化進程也與其數碼技術的活用密不可分。YouTube 是 K-Pop 的最大跳板，讓世界各地的粉絲可以即時觀看 MV、舞蹈練習與直播，並藉由留言區與字幕，形成一種跨語言、跨文化的互動社群。

韓國企業如 NAVER、Kakao、CJ ENM 等，也積極開發自家平台與內容生態系。例如 Webtoon 平台便不僅是漫畫閱讀空間，更是 IP 孵化器，許多熱門韓劇（如《女神降臨》、《Sweet Home》）都來自原創網路漫畫，形成從原作到改編到周邊的一條龍文化經濟鏈。

透過平台數碼化，韓國文化能夠靈活進入不同國家的用戶設備與日常生活，這是全球化最關鍵的媒介基礎。

四、品牌的集體建構：政府與民間並行

韓國政府在 K 文化輸出上扮演極為積極的角色。文化體育觀光部、KOTRA、KOCCA 等官方機構長期投入資源協助內容開發、市場行銷、國際展演與創業支持。例如每年舉辦的 K-Culture Festival、K-Startup Grand Challenge，或是駐海外的韓國文化院設於全球各大城市，都是在為 K 文化鋪路。

同時，韓國企業深諳品牌聯動與整合行銷。例如 LG 與 BTS 合作推出限量手機，CJ ENM 打造 Mnet、tvN 等跨媒體平台，甚至到韓國泡麵、護膚品、服飾都能掛上“K”作為品質與潮流的象徵。這種產業—文化—品牌的三角結構，使 K 不再只是內容，更是一種消費型態與生活品味。

五、情感的輸出：文化不只賣商品，更賣「情緒」

K 文化最深層的全球策略，是情和共感。韓國娛樂產品懂得操作觀眾的情緒曲線，K-Pop 有「回歸舞台」、K-Drama 有「高潮反轉」、韓綜如《Running Man》、《單身即地獄》等製作以情緒牽引為導向。

這些節目與內容不單止傳遞故事，更構築出一種「與觀眾共同呼吸」的情感場域。透過粉絲文化（Fandom）、應援行動、SNS 互動，韓國文化成功建立了一種「全球粉絲社群」的概念，使觀眾成為參與者、創造者與擁護者，進一步擴大其文化影響力。

所以，全球化不是拋棄本土，而是深化本土；“K”的全球策略從來不是單純的輸出文化產品，而是一場深度的文化再詮釋運動。它讓韓國文化在堅守本土精神的同時，以創新媒介與共感敘事打開全球市場的大門。這正是所謂「本土精神的國際語言」：不是誰來學我們的語言，而是我們說的故事，全世界都聽得懂，並願意留下來，繼續聆聽。

參考資料來源：

- KoCCA (Korea Creative Content Agency) Annual Reports (https://www.kocca.kr)

1.2 由韓流到 K-Content 的演變

韓國文化在 21 世紀初掀起的「韓流（Hallyu）」熱潮，如今已發展成更全面、更精緻且策略化的 K-Content 產業。這一過程不僅是時間的演進，更是一場文化輸出從「現象」到「產業」、從「感性共鳴」到「策略整合」的深度蛻變。本文將簡單探討韓流與 K-Content 的發展歷程，解析兩者的異同，並說明它們如何共同構築當代韓國文化的全球定位與文化戰略。

從韓流起源談起——文化輸出的第一波浪潮

「韓流」一詞最早出現於 1999 年，由中國媒體用以描述韓國電視劇與流行音樂在亞洲地區引起的熱潮。初期韓流以《藍色生死戀》、《冬季戀歌》等浪漫劇為主，結合悲情敘事與唯美畫面，在東亞及東南亞廣受歡迎。這一階段的韓流主要特徵為：

內容以情感為導向：強調愛情、家庭、人際情誼。

表現韓國價值觀：儒家倫理、孝道文化、家庭觀念。

媒介以電視為主：內容輸出以傳統電視劇為主要載體。

輸出對象集中於亞洲市場：尤其是中國、日本，以及台灣與東南亞地區。

此階段的韓流因內容受歡迎而擴散，但缺乏整體品牌策略。直到 2000 年代中後期，隨着 K-Pop 偶像團體的崛起，韓流開始進入第二波浪潮，重點從純內容轉向娛樂品牌與粉絲文化的經營。

K-Content 的誕生與擴展——文化產業化的進階表現

“K-Content”這一名詞近年來在政府政策與國際市場中頻繁出現，泛指所有以韓國為生產基地、具備韓國文化特徵的內容產業產品。包括但不限於電視劇（K-Drama）、音樂（K-Pop）、電影（K-Movie）、動畫與網漫（K-Webtoon）、遊戲（K-Games）、時尚與美容（K-Fashion / K-Beauty），乃至元宇宙、AI 偶像等新興形式。

K-Content 不同於傳統韓流的地方在於，它是一種策略性的內容生產體系，具有以下幾個顯著特徵：

跨平台整合與 IP 化運營：如 Webtoon 原作改編成戲劇、電影，並同步推出周邊商品與遊戲。

政府與企業高度合作：韓國文化體育觀光部、KOCCA 等政府單位積極介入產業培育與全球拓展。

強調全球市場策略：內容製作時即考量國際觀眾，特別是歐美、中東與南美市場。

技術與創意並重：結合 AI、XR、虛擬偶像、韓國風格的 UI/UX 設計等科技創新。

K-Content 並非單一現象，而是一個產業集群。從娛樂跨足創新科技與生活方式，其文化輸出已不僅是「內容看起來很韓」，而是打造出一套以韓國為主導的文化消費邏輯。

韓流與 K-Content 的關係——傳承與升級

韓流與 K-Content 之間是一種遞進式的關係。韓流是 K-Content 的文化根基，而 K-Content 則是韓流進化後的現代樣貌。具體來說：

分類	韓流 (Hallyu)	K-Content
出現時期	約 1999 年起	約 2015 年後明顯成形
主要內容	韓劇、K-Pop、綜藝	全媒體：音樂、戲劇、電影、遊戲、網漫、虛擬偶像等
傳播方式	電視台、光碟、演唱會	OTT 平台（Netflix、TVING）、SNS、YouTube、Metaverse
市場範圍	亞洲為主	全球化策略，進軍歐美與中東
經濟模式	感情消費導向	系統性內容 IP 開發與商業化
政策支持	較零散	高度政策配合與資金投入

簡而言之，K-Content 是在韓流的基礎上，以產業升級、數碼轉型、全球布局為核心，建立起可持續發展的內容產業體系。它不再是單一偶像或劇集的偶然成功，而是一套可複製、可擴張的文化生態。

文化本質的延續與轉化

儘管 K-Content 已走向多元與國際化，但其背後所承載的文化價值並未完全割裂韓流時期的內涵。例如：

· **情感表達**仍是 K-Drama 的重要核心，例如《苦盡柑來遇見你》、《黑暗榮耀》皆以強烈情緒與心理描寫為賣點。
· **社會關懷與批判意識**成為 K-Movie 和 K-Drama 劇本重要特質，如《上流寄生族》、《熔爐》、《梨泰院 Class》、《惡緣》、《82 年生的金智英》、《12.12：首爾之春》等都深刻描寫階級矛盾與制度問題。
· **集體文化與個體探索並存：**K-Pop 既展現高度團隊合作，也強調每位成員的獨特性，呼應韓國社會中集體與個人並存的價值衝突。

然而，K-Content 也進行了不少文化上的「轉化」。例如 K-Webtoon 作品題材更加多元，不再受限於戀愛或青春故事，反映了韓國社會文化的多樣性與包容性。同時，在音樂與影視作品中，更多跨國製作團隊、國際藝人參與，使其更具全球視角與包容性。

面對未來的挑戰與機遇

K-Content 的成功固然令人讚嘆，但隨着市場競爭加劇與觀眾口味變化，會面臨甚麼挑戰？

創意與複製的平衡：當 IP 開發高度商業化，是否會犧牲原創性與文化深度？

國際化與本土性的矛盾：在討好國際市場的同時，如何不失去韓國文化的核心精神？

對外依賴的風險：如對 Netflix、YouTube 等平台的依賴，是否會限制本國平台的自主發展？

文化政治風險：韓國文化輸出有時會受到政治環境（如中韓關係、日韓爭議）影響。

但機遇同樣存在 —— 如 AI 創作工具、虛擬實境應用、5G 與 Web3 等新技術皆可為 K-Content 注入新活力。此外，韓國政府與企業也逐步推動「K-Content+」（K- 內容升級計劃），結合教育、醫療、科技、旅遊等跨域產業，拓展 K 品牌的應用範圍。

結語：從熱潮到文化體系的蛻變

從韓流到 K-Content，是韓國文化從感性共鳴走向理性架構的蛻變歷程。韓流是一場文化現象，而 K-Content 是一個文化戰略。兩者並非割裂，而是共構了今日韓國在全球文化格局中的影響力。

韓國成功地將其文化、創意與技術融合為一種「可被理解與消費的韓式語言」，透過娛樂、藝術與科技讓全球觀眾願意接受、學習甚至模仿。未來，K-Content 若能在創意、文化深度與社會價值之間取得平衡，其影響力將不止於文化領域，更可能成為影響世界文化想像力的一大推手。

參考資料來源：

1 韓國文化體育觀光部 - 年度報告 https://www.mcst.go.kr/

2 韓國文化內容振興院 - 政策導向、補助項目與數據統計 https://www.kocca.kr/

3 Jin, Dal Yong. New Korean Wave: Transnational Cultural Power in the Age of Social Media. University of Illinois Press, 2017.

1.3 透過韓劇與韓國電影了解韓國歷史事件、近代史

韓國影視作品長期以來不僅是娛樂消費的內容，更是文化傳播與歷史教育的重要媒介。特別是進入 21 世紀後，韓劇與韓國電影開始大規模以歷史事件、近代社會轉型與國族認同為背景，將歷史內容以通俗、感性的形式呈現在全球觀眾眼前。這不僅使海內外觀眾能深入理解韓國的歷史脈絡，也使影視成為韓國「文化記憶政治」的重要場域。以韓劇與韓國電影的方式，將「歷史劇的演進」、「電影中的近代史再現」、「歷史記憶與民族情感」以影像重現，韓劇與韓國電影以韓式敘事的形式讓觀眾了解韓國從朝鮮王朝、日佔時期、韓戰至民主化運動的歷史事年，並對現代韓國社會的文化意識與身份認同產生何種影響。

韓劇中的歷史劇——
從古裝浪漫到現代反思

韓劇中以朝鮮王朝為背景的「史劇（사극）」類型一直深受觀眾歡迎。這些劇集不僅還原歷史場景，也反映當代韓國人對歷史人物與事件的再理解。例如：

- 《大長今》（2003 年）透過描繪女御醫長今，展現女性在儒教社會中的堅韌與智慧，喚起對韓國傳統飲食與醫療文化的尊重。

- 《樹大根深》（2011 年）、《帝王的秘密》（2014 年）等劇則從政治權力、儒學鬥爭等角度重建世宗大王、英祖等歷史人物的多面性，提出權力與思想自由的當代表述。

- 《六龍飛天》（2015 年）以虛實結合的手法敘述朝鮮建國過程，揭示理想與權力鬥爭交織的複雜現實。

- 《哲仁王后》（2020 至 2021 年, tvN）
  結合古裝歷史與穿越喜劇，以朝鮮哲宗時期為背景，透過現代男子「附身」於王妃身上，帶出對宮廷權鬥與性別觀念的諷刺與再詮釋。

- 《戀人》（2023 年, MBC）

- 以 17 世紀丙子胡亂（清兵入侵朝鮮）為背景，描繪亂世中愛情與民族情感的掙扎，重現歷史悲劇與人民的生存故事。
- 《Mr. Sunshine》（2018 年）以日本殖民統治之前的 1902-1907 年為時間軸，探討韓國帝國後期抵抗、日本殖民與現代化。

雖首播於 2018 年，但 2020 年後因《魷魚遊戲》等熱潮帶動 Netflix 韓劇重溫熱度，此劇深入探討韓國近代化過程，在全球獲得高度評價。

而近年的《哲仁王后》、《Mr. Sunshine》等劇則跨越傳統與現代，將穿越、浪漫、諷刺等元素融入歷史背景，拉近觀眾與歷史的距離。例如《Mr. Sunshine》雖為虛構故事，卻緊密結合 1900 年前後韓國抵抗日本帝國主義的歷史，呈現出近代化與殖民壓迫之間的緊張關係，成功引發韓國年輕世代對歷史的再認識與情感共鳴。

韓國電影對近代史的再現——真實事件的文化轉譯

相較於韓劇，韓國電影更直接也更勇於處理敏感且真實的歷史事件，尤其是近代史中許多尚未完全撫平的社會傷痕。在電影語境中，歷史不只是回憶，更是一種對過去進行文化重建與反思的過程。

日治時期與抗日運動

- 《暗殺》（2015 年）（港譯《復國者聯盟》）以 1930 年代的韓國臨時政府地下特工為主角，描繪韓國人在日本殖民統治下的抵抗行動。電影雖虛構，卻以歷史事實為基礎，重現了上海與京城（今首爾）在殖民地時期的諜報戰。

- 《哈爾濱》（2024）則以武裝抗日運動為主體，回應了韓國人如何將歷史記憶轉化為英雄敘事。

- 《密探 2》（預計 2025 年上映）延續 2016 年《密探》的抗日背景，續集鎖定 1930 年代韓國臨時政府在中國的諜報行動，是虛構與歷史融合的敘事延伸。

韓戰與分裂的國族命運

- 《太極旗一生死兄弟》（2004 年）（港譯：《太極旗飄揚：生死有情》）將韓戰（1950–1953 年）置於兄弟親情的視角，揭示南北分裂所帶來的悲劇性人倫撕裂。

- 《JSA 共同警備區》（2000 年）（港譯：《JSA 安全地帶》）則以朝鮮半島非武裝地帶（DMZ）發生的命案為線索，探討韓國士兵與北韓士兵之間的「非敵對人性」，突破冷戰敘事邊界。

- 《鋼鐵雨》（2017 年）系列更以虛構政治事件為背景，從戰略層面探討南北關係的複雜性與統一的可能性。
- 《獵戰》（2022 年）描述韓戰後期南韓政府為抓捕北韓間諜所執行的暗殺行動，對照冷戰期間南韓軍政下的政治黑暗操作。
- 《絕路狂逃》（2021 年）以 1991 年索馬利亞內戰為背景，講述韓國與北韓外交官共同逃命的故事，隱喻南北韓的外交博弈與韓冷戰外交史。

民主化運動與政治傷痕

- 《1987：黎明到來的那一天》（2017 年）（港譯：《1987：逆權公民》）忠實改編 1987 年民主化運動中，學生李韓烈遭警察酷刑致死事件，刻畫新聞工作者、檢察官、學生與宗教界人士的良知抗爭。該片不僅喚醒世代記憶，也影響了年輕人對韓國民主進程的理解。
- 《華麗的假期》（2007 年）以 1980 年光州事件為題材，還原軍政府鎮壓市民的血腥真相，使長期被壓抑的歷史真相得以在大銀幕上公開討論。

歷史記憶與國族情感的結合

影視作品的影響力，在於它不只是重現歷史，而是將歷史情感化、視覺化與個人化。觀眾在觀看過程中，不是單純吸收史實，而是與角色共同經歷歷史，使歷史成為「情感經驗」。

家族記憶的影射

如《國際市場》（2014 年）（港譯：《半世紀的諾言》）透過一名韓國父親的生命歷程，從 1950 年代釜山逃難、越戰參戰到現代經濟奇蹟，構築了韓國戰後世代的集體記憶。電影中兩代間情感衝突，也反映世代對歷史觀點的差異與連結。

女性與歷史的重構

《金福南殺人事件始末》（2010 年）、《小森林》（港譯：《森之廚房》）（2018 年）等片跳脫男性為主的歷史敘事，透過女性角色回應韓國社會中對女性歷史位置的重新審視。

跨國視角與歷史的全球化敘事

隨著 K-Content 的國際化，韓國影視作品逐漸將歷史敘事拓展至全球觀眾可理解的範圍。例如《絕路狂逃》（2021 年）將冷戰背景下的南北外交鬥爭轉化為一場非洲戰地逃生劇，不僅增加戲劇性，也向全球觀眾展示韓國冷戰記憶的多重維度。

從影視文本看歷史教育的新契機

韓國社會長期以來對歷史教育存在高度爭議與多元詮釋，不同政權下對歷史教科書的編寫與解釋往往有所差異。然而，影視作品提供了更開放、多元、具情感厚度的歷史教育形式。

韓劇與韓國電影的流行，使歷史不再只是紙本上記錄的記憶，而是生動可感、具有溫度的經驗分享。這一過程也促使觀眾主動查詢資料、討論歷史真相。

特別是年輕一代透過影視作品重新理解光州、抗日、韓戰等歷史節點，讓歷史成為當代公共對話的重要資源，也為韓國民主、公民意識的深化提供文化支撐。

韓劇與韓國電影早已超越純粹娛樂的角色，成為連接過去與現在、個人與國族、文化與世界的敘事橋樑。它們將韓國歷史事件年、近代轉折與國族情感具象化，並透過情節、人物與影像進行深層溝通，使本地記憶成為全球觀眾可共鳴的普遍情感。

在全球化語境下，韓國透過影視敘事向世界說明自己的歷史，不僅重申記憶，也積極重塑未來，這也許是韓劇與韓國電影敘事的真正魅力。

與民主化運動相關的韓劇與電影（2010–2025）

作品名稱	類型	年份	關聯歷史事件
1987：黎明到來的那一天（港譯：《1987：逆權公民》）	電影	2017	1987 年六月民主抗爭、李韓烈事件
華麗的假期	電影	2007	1980 年光州民主化運動
雪降花 (Snowdrop)	韓劇	2021–2022	1987 年民主抗爭（虛構化處理）
未生 (Misaeng)	韓劇	2014	韓國產業民主轉型背景
模範計程車 2（港譯：《模範的士 2》）	韓劇	2023	包含民主轉型時期社會案件
辯護人（港譯：《逆權大狀》）	電影	2013	1981 釜林事件（釜山民運人士被捕）
青年警察	電影	2017	現代視角下對舊警政體制的批判
逆權司機（A Taxi Driver）	電影	2017	1980 年光州事件
獵戰	電影	2022	軍政府時期的諜報活動

參考資料來源：各大電影公司、naver.movie 及觀後感整理

敘事重點與說明
真實改編，揭露軍警暴力、記者良知與民間抗爭如何促成憲政改革與總統直選。
通過家庭視角描寫光州民眾的生死，成為光州事件的經典重述作品。
雖因涉及北韓特工與學生運動而爭議，但背景即為 1987 年反軍政運動時期。
雖為職場劇，但透過老一輩角色揭示 1980 年代民運背景與社會轉型後的職場文化影響。
單元劇反映 1980-90 年代韓國黑幕與受害者故事，例如政府、財閥暴力壓迫。
改編自前總統盧武鉉當年為民主運動人士辯護的真實故事。
雖為動作片，但對於警察體系的集體暴力與改革需求有批判意味，間接對應民運後的警政轉型。
改編自德國記者與計程車司機目睹光州屠殺的真實事件。情感渲染力極強，國際知名。
雖以動作片呈現，但描繪了情報機關的非法行動與對公民自由的壓迫，映射民主化前的黑暗政治操作。

1.4 韓流粉絲文化：年代演變與有趣現象的文化觀察

自 1990 年代末「韓流（Hallyu）」誕生至今，韓國流行文化風靡全球，其背後的推動力量，不只是偶像或作品本身，而是逐漸壯大的粉絲文化。粉絲（Fans）成為了文化的生產者、推廣者與再創造者反向帶動熱潮。本文將從 1990 年代起追溯韓流粉絲文化的發展脈絡，並觀察在全球化與數位時代下，韓流粉絲社群如何從本土化走向國際化，產生出許多令人驚異的文化現象。

起源期：本土偶像與 Fan club 體制（1990－2005 年）

韓流粉絲文化的發展可追溯至 1990 年代初期，當時韓國音樂產業經歷轉型，從以民謠與傳統歌曲為主，進入偶像團體主導的新時代。1996 年出道的 H.O.T 被視為第一代 K-pop 偶像，也是第一批擁有大規模 Fans 的偶像團體。此時的粉絲文化具有明顯的本土化特質：集中於校園少女族群，粉絲行為多為線下支持，如參與現場錄影、手寫應援信、跟隨行程等。

此外，Fan club 也由所屬經紀公司官方管理，擁有階級制度（如正會員、準會員）以及不同入會期，象徵一種組織性與忠誠度的表現。此階段的粉絲文化仍局限於韓國國內，但為後續「全球韓流」建立了社群組織的雛形。

擴散期：韓流東進與亞洲區域粉絲（2005－2012 年）

隨着《冬季戀歌》、《大長今》等韓劇在中國、日本、東南亞熱播，韓流正式走出韓國邁向海外。「韓劇粉」與「K-pop 粉」在亞洲形成新型態的跨文化群體，並帶動海外 Fan club 的成立。

以日本為例，「裴勇俊的現象」標誌了粉絲文化與主流媒體結合的開始。粉絲不僅購買 DVD、出版雜誌、參與演唱會，甚至進一步學習韓語、組團訪韓。此時期的粉絲呈現明顯的文化消費型態，多以中年女性為主體，強調情感與文化的連結。

K-pop 方面，東方神起、Super Junior 等偶像團體開始擁有海外專屬粉絲名稱，粉絲之間出現「站姐文化」、「飯拍文化」等現象，即粉絲自備攝影器材拍攝藝人、經營網站與論壇，成為次文化的媒體實踐者。而一些與追星有關的用字，至今也通用於華語娛樂圈。

轉折期：社群媒體與全球化韓流（2012 - 2018 年）

2012 年 PSY〈江南 Style〉的全球爆紅是一個歷史轉折點，使 K-pop 首次進入西方主流視野。此時的粉絲文化也進入社群化與全球化的階段。Twitter、YouTube、Instagram 成為粉絲交流與應援的主要場域，粉絲開始使用多語言創作字幕、翻譯推文、剪輯影片，形成「跨語言粉絲社群（Transnational Fandom）」。

最具代表性的案例是 BTS（防彈少年團）與其粉絲團體 ARMY 的崛起。ARMY 不僅幫助 BTS 在 Billboard 奪冠、登上聯合國舞台，甚至主動發起慈善活動、捐款、政治倡議等。

這一時期也出現了「應援投票經濟」、「打榜文化」、「Streaming 應援」等粉絲策略行為，粉絲開始學習行銷、編碼、資料分析，只為幫助偶像「衝榜」與「出圈」。這一些應援方式、追星活動、口號及用語慢慢影響華語娛樂圈，尤其是內地、香港以及台灣的粉絲文化。

成熟期：粉絲成為文化參與者與再創造者（2019－2025 年）

進入 2020 年代，粉絲文化逐漸從「支持」走向「再創造（Re-creation）」，並出現許多有趣且意義深遠的新現象：

粉絲自製內容與二創文化

粉絲開始創作影片、小說（Fanfiction）、動畫、模擬遊戲，甚至自行剪輯偶像虛構劇集、VR 應援影片，形成龐大的「粉絲創作生態圈」。如 TikTok 上常見的「偶像日常模擬」即是粉絲自行虛構的敘事方式。

粉絲投資與偶像經濟

粉絲透過募資、聯合購買、參股經紀公司等方式介入偶像事業。例如為偶像投放地鐵廣告、生日活動或買下 LED 看板，甚至成立「粉絲基金會」，顯示粉絲對偶像的權益上開始產生「話語權」。

粉絲社群治理與政治性

粉絲社群開始進行自律，例如針對「飯圈霸凌」制定倫理準則、推動反仇恨言論機制等，呈現「自我治理」的趨勢。此外，粉絲也越來越積極參與公共議題，例如 LGBTQ+ 權益、氣候變遷、民主自由等，如在 2024 年 11 月的釜山正在進行全球塑膠公約第五輪談（INC-5）時，採訪了 KPOP 4 PLANET 成員發起「塑膠專輯罪惡（Plastic Album Sins）」、要求娛樂公司停止誘使粉絲過度消費的行銷策略和專輯塑膠污染等的倡議。粉絲文化不再只是娛樂，而是社會文化參與的一部分。

韓流粉絲文化的未來

韓流粉絲文化的演變，從初期的偶像崇拜、到文化消費、再到創作與社會參與，展現出其驚人的動能與深度。今日的韓流粉絲不僅推動韓國流行文化的國際化，也在不同文化中重新定義「粉絲」的角色與力量。

從全球化、數位化到價值化，韓流粉絲文化正朝向更開放、多元、富有社會意識的方向發展。

補充一

在遊行和集會上出現的 Kpop 手燈現象

2024 年 12 月，韓國總統尹錫悅因推動戒嚴構想，引發憲政危機。民眾反應迅速，抗議自首都蔓延至全國，最終促成國會通過彈劾案。此次抗議，年輕世代以一種熟悉且前所未見的方式介入——透過 K-pop 文化。

- 在清晨與深夜的廣場上，出現的不是燭光，而是手燈。
  這些原為應援設計的 K-pop 手燈，此刻轉化為民主象徵，代替蠟燭發光。形狀、色彩、閃爍節奏各異，來自不同團體，組成一片不協調卻統一的亮光。這是粉絲文化進入政治現場的具象化，也是集體情緒的延伸工具。
- 聲音方面，播放的不是傳統民謠，而是偶像歌曲。
  少女時代的〈Into the New World〉再次成為時代之聲，其意象與詞句與當下情境自然契合。aespa 的〈Whiplash〉、Rosé 的〈APT.〉等曲目亦被選用，其流行性和語言節奏加強了現場的傳播力。這些選曲不需改編，直接嵌入現實之中。
- 政治人物的出現，顯示此文化語言已被跨世代接受。反對黨領袖們手持粉紅、藍紫、綠色手燈，與年輕人站在同一隊列，姿態既奇異又和諧。這不是模仿，而是一種認可，對年輕語言的認可。
  參與者以 20 至 30 歲女性為主。她們熟練使用社群網絡，熟知 K-pop 語彙，也熟練於組織線上動員。她們並未放棄本身的文化身份，而是將其直接應用於公共場域。她們不是改變語言來進入政治，而是以自身語言改變政治空間的呈現。

- K-pop 在此次抗議中，它成為表態的媒介、情緒的調節器、價值的代言人。流行文化不只是背景音，它是參與者。年輕人未曾離開民主，只是他們回來時，帶上了手燈與播放清單。

參考資料來源：

1. K-pop light sticks take over protests that fueled impeachment of South Korea’s president (https://apnews.com/article/south-korea-protesters-photo-gallery-yoon-b17f96063a2635ebc87f35ed9ab5ac5b?utm_source=copy&utm_medium=share)

2. NCT light sticks become protest symbols as K-pop fans call for impeachment (https://koreajoongangdaily.joins.com/news/2024-12-10/national/socialAffairs/NCT-light-sticks-become-protest-symbols-as-Kpop-fans-call-for-impeachment/2197390)

3. South Korea deploys K-pop light sticks and dance in protests against president (https://www.theguardian.com/world/2024/dec/12/south-korea-martial-law-protests-k-pop-and-glow-sticks?CMP=share_btn_url)

4. K-pop light sticks become new candle lights for Korean democracy (https://www.koreatimes.co.kr/southkorea/society/20241208/k-pop-light-sticks-become-new-candle-lights-for-korean-democracy)

1.5 手燈文化：韓流粉絲的象徵性物件

K-pop 粉絲文化中最具視覺衝擊與象徵性的產物之一，就是「手燈（Lightstick）韓語：응원봉」。手燈不僅是應援道具，更是粉絲認同、歸屬感與品牌連結的具體體現。每個偶像團體都有專屬手燈設計，例如 BIGBANG 的皇冠棒、BTS 的 ARMY Bomb、BLACKPINK 的心型錘子手燈以及 G-Dragon 的 PEACEMINUSONE 小雛菊應援手燈，這些燈具不僅具辨識度，亦具有科技整合的應用。

手燈從最初的單一發光功能，逐步發展至與手機應用程式連接，能根據演唱會進度同步變色、閃爍，製造出燈海應援的壯觀畫面。此技術由韓國廠商 Fanlight 與多家娛樂公司合作研發，也成為 K-pop 演唱會標配之一。

更重要的是，手燈文化已成為粉絲認同的重要象徵，甚至形成手燈周邊收藏文化。粉絲會購買限定款、版本升級版，並在網路上分享「手燈展示照」，形成一種文化競技與展示。

在疫情期間，線上演唱會與虛擬應援技術進一步強化手燈的互動功能。遠端粉絲透過藍牙連線方式控制手燈，仍可在直播時與偶像互動，讓粉絲即便不在現場，也能「參與其中」。

2025 年令全球瘋搶的應援手燈非 G-Dragon 莫屬，G-Dragon 於 2025 年 2 月 26 日發行了他的首款官方手燈，名為“Daisy Lightstick”，其設計特色在於融合了他標誌性的雛菊圖案，特別是一片花瓣缺失的設計。

這款手燈的發行，緊隨着他在 2025 年 2 月 25 日透過 Galaxy Corporation 和 EMPIRE 發行的第三張專輯《Übermensch》。

此外，G-Dragon 也推出了相關配件，包括官方手燈充電座和迷你手燈鑰匙圈，進一步豐富了粉絲的收藏選擇。

增補資料

近二十年已有過百款不同的手燈面世：

年代	事件	說明
2006	BIGBANG 推出皇冠手燈	K-pop 史上第一支官方手燈，由 YG Entertainment 設計，開啟應援裝置新時代
2013	BTS 推出 ARMY Bomb Ver.1	搭配手機藍牙連動功能，演唱會同步控制手燈色彩與閃爍節奏
2018	BLACKPINK 推出心型鎚手燈	特殊造型設計、可發出打擊聲，創意與品牌辨識兼具
2022	IVE 推出手燈	設計概念融合成員象徵與宇宙意象，代表新世代偶像團體形象

科技與粉絲互動的常用語

同步控制平台（Fanlight App）：讓粉絲手燈在演唱會中如編舞般變化。

NFT 應援徽章：粉絲可購買虛擬收藏，象徵參與某場演唱會。

AR 互動技術：透過手機 AR 應用，手燈能與偶像虛擬形象進行互動或拍照。

線上演唱會串流互動：搭配視訊與實體燈光系統，實現雙向情感傳達。

參考資料來源：

- 有關韓團手燈 : https://withmuulive-global.com/
- 韓星手燈展覽 : https://hk.korean-culture.org/
- How the K-pop lightstick culture became a global phenomenon (https://www.tatlerasia.com/lifestyle/entertainment/k-pop-lightstick-culture)
- How K-pop fan culture is reshaping business strategies and redefining brand loyalty (https://www.tatlerasia.com/lifestyle/entertainment/k-pop-fan-culture-business-brand-loyalty)

1.6 韓國綜藝節目的創新模式

當代韓國綜藝節目已然成為韓流輸出中不可忽視的重要支柱。從最早的家庭取向、歌唱比賽型綜藝，到近十年來跨越國界的真人秀、實境旅遊、融合紀錄片元素的節目模式，韓國綜藝節目不斷刷新國內外觀眾的視聽經驗，並以其靈活的結構、明確的主題、獨特的幽默感與製作創意，成功建立屬於 K-Variety 的文化語言體系。

綜藝節目與韓流文化的互補關係

韓國綜藝在韓流的全球化，扮演着形象強化與情感連結的重要角色。若說 K-pop 提供的是視覺與聲音的偶像想像，那麼綜藝節目則提供了人性化的補足與「親密感」的建立。許多偶像透過綜藝節目展現生活化、搞笑、甚至脆弱的一面，讓粉絲得以從娛樂內容中產生深層的認同與親近感。

從《Running Man》在亞洲創下驚人人氣，到《BTS: In the SOOP》、《EXO’s Showtime》、《GOING SEVENTEEN》等偶像自製綜藝，無不展現韓國綜藝在「娛樂敘事與人設經營」的雙重任務中，發展出高效策略。

內容類型的多元創新

韓國綜藝節目的核心魅力之一，在於不斷突破傳統格式，建立新的類型混合與敘事模式。自 2010 年代起，幾種類型特別值得關注：

實境紀錄型綜藝

代表節目如《我獨自生活》、《劉 QUIZ ON THE BLOCK》、《出差十五夜》。這類節目以無劇本或半劇本的形式，捕捉藝人或素人的真實生活狀態，並藉由情境設計與製作節奏呈現趣味與感動兼具的敘事。近年的戀愛交友生活觀察類是主流題材之一。

特別是《我獨自生活》展現了韓國社會變遷中「單身文化」的日常樣貌，強調獨居但不孤獨的概念，對都市青年的文化共鳴產生高度吸引。

跨類型混搭綜藝

近年大量出現結合旅遊、美食、心理測驗、遊戲、育兒等元素的綜藝。例如《花樣爺爺》混合旅遊與高齡敘事，《兩天一夜》長期以「地獄旅遊」與地方觀光融合幽默形式建立觀眾黏着度。2023 年爆紅的《單身即地獄》第三季更結合戀愛實境、競技遊戲、個人性格揭示，創造話題。

劇情式綜藝與模擬實境

例如 Netflix 第三季上線的《犯罪現場 ZERO》、《The Devil's Plan（惡魔的計劃）》、《大逃出》、《女高推理班》等，將推理、劇情、心理戰等劇本邏輯融入遊戲，觀眾既是旁觀者，也是推理參與者。這類節目將「遊戲」升級為敘事手段，使節目如同小說般引人入勝。加上近年劇本殺和密室逃脫題材流行，燒腦型綜藝題材已沒有框框。

創新不只在內容，更在製作語法

韓國綜藝的另一大特色，是其「後製語言」的成熟與創意。從早期的字幕玩笑、特效疊加，到如今運用 AI、AR、情緒動畫、剪接節奏，韓國後製技術已成全球綜藝模板。

例如《玩甚麼好呢？》在節目中使用大量分鏡合成技術，並製作虛構偶像團體（如 SSAK3 與 MSG WANNABE），顛覆觀眾對「真實與虛構」的區分，也突顯韓國節目編導的創意與可塑性。

與數碼平台的共生與反饋

韓國綜藝的另一項創新成就，是與數碼媒介的良性結合。以 YouTube、NAVER NOW、TVING、Netflix 等平台為例，許多節目將主節目拆解成短片段釋出（又稱為切片，主要數十秒至一分鐘內為片長單位），如《文明特急》、《認識的哥哥》和《Biong Biong 地球娛樂室》的片段在社群平台病毒式傳播。

國際合製與文化在地化策略

近年韓國綜藝也積極參與國際市場。透過與 Netflix、Disney+ 等串流平台合作，《體能之巔》、《獵人們》、《黑白大廚：料理階級大戰》等節目同時兼具國際化製作與在地文化敘事。

值得注意的是，韓綜的輸出不只是節目本身，也包含製作格式授權。《蒙面歌王》被美國、泰國、越南等地改編，《Running Man》亦在中國、越南製播在地版本，顯示其節目邏輯的可移植性與全球潛力。

更多參考 :https://www.kocca.kr/trend/vol22/sub/s31.html

https://www.kocca.kr/trendott/vol02/data_1.html

後疫情時代的創作回應

疫情之後，韓國綜藝對「距離感」與「孤獨感」的主題處理更為細膩。《出差十五夜》、《IN THE SOOP》、《爸爸！我們去哪兒？》、《Begin Again》、《尹 STAY》、《帶輪子的家》等節目強調家庭與自然、慢生活與關係重建，亦深受疫情後的觀眾喜愛。以韓綜著名導演羅暎錫製作人及其團隊的作品，是可以另辟一個篇章來研究。

此外，結合 AI 與虛擬製作的節目也逐漸增加，2024 年起，有多個使用虛擬偶像（如 MAVE:）出演的綜藝節目上線，顯示未來虛擬製作將與綜藝內容進一步融合。

K-Variety 的文化意識與未來

韓國綜藝的創新不止於娛樂形式，它實質反映了社會變遷、文化認同與世代價值的轉變。在製作語言、形式混搭、國際合作與數碼分發上，韓綜已建立一套具備高度彈性與國際競爭力的文化工業結構。

韓國綜藝的真正創新，是它始終維持「文化更新」的節奏：即便形式熟悉，主題永遠在回應當代。它既是一面鏡子，也是一把開拓者的剪刀，在不斷重組內容與語法中，開出韓流持續成長的新場域。

一些韓國綜藝節目的創新特點

字幕設計：韓國綜藝節目以其獨特的字幕設計聞名，這些字幕不僅提供資訊，還增強了節目的娛樂效果。研究指出，這些字幕設計在視覺上強調節奏感，並透過色彩和動畫效果提升觀眾的觀看體驗。

節目形式多樣化：韓國綜藝節目在形式上不斷創新，從真人秀到音樂競賽，涵蓋多種主題和風格。例如，《我獨自生活》以紀錄片形式展現藝人日常生活，讓觀眾感受到真實感與親近感。這種多樣化的節目形式滿足了不同觀眾群體的需求，提升了節目的吸引力。而這一方面可以深入研究羅暎錫及其團體製作的所有綜藝，不論是形式、選角、熱話題捕捉、實時應對力、IP 創造等，更能了解韓國綜藝的成功要素。

製作人對創新的見解：《Hey! First Time in Korea?》的首席製作人張在赫（Jang Jae-hyuk）在接受《韓國時報》訪問時表示，透過外國人的視角重新發現韓國，為節目帶來了新鮮感和創意。他指出，疫情期間，節目組調整了製作方式，邀請在韓國的外國人參與，這種靈活應變的策略使節目得以持續製作並保持高收視率。

韓國綜藝節目的全球影響：韓國綜藝節目的創新模式對其他國家的綜藝節目產生了深遠影響。研究顯示，中國的綜藝節目在受到韓國節目的影響下，開始進行本土化創新。例如，中國的《奔跑吧兄弟》在借鑒韓國《Running Man》的基礎上，融入了中國文化元素，形成了具有本土特色的節目形式。

1.7 韓國網漫（Webtoon）如何改變漫畫產業？

當代韓國文化產業的成功，不僅體現在 K-pop 與韓劇的全球影響力，還包括一項相對低調卻革命性的媒介形式——網路漫畫（Webtoon）。作為數碼時代的本土創新，Webtoon 不僅重塑了韓國的漫畫產業，更進一步改變了全球漫畫與視覺敘事的生產與消費方式。從分析 Webtoon 的崛起背景、產業特性、全球化策略及其對整體漫畫產業的深遠影響。

Webtoon 的起源與數碼轉向

Webtoon 這一詞源自“Web”與“Cartoon”的結合，最早於 2003 年前後由韓國最大入口網站 NAVER 與 Daum（現 Kakao）推出數碼連載平台，意圖因應紙本漫畫市場的萎縮與讀者閱讀習慣的轉變。不同於日本傳統漫畫以單行本或雜誌連載為主，Webtoon 從一開始就是為「手機直式滑動」而設計的數碼原生內容。

這一形式最大的特點，在於它徹底顛覆了漫畫閱讀的格式。從分鏡邏輯到色彩運用，Webtoon 的直條式長篇卷軸閱讀讓情緒鋪陳更加流暢，也極大地適應現代人碎片化閱讀習慣，尤其是智慧手機為主要媒介的年輕一代。

平台經濟與創作者生態的轉變

Webtoon 的成功不只來自形式創新，更建立於一套完整的數碼平台與創作者支持系統。以 NAVER Webtoon 與 Kakao Webtoon 為例，其運作邏輯類似於內容生態平台：讀者透過免費觀看入坑，熱門作品再透過「提前解鎖」、「付費觀看」、「IP 授權」等方式盈利，平台則提供分潤、簽約保障與跨媒體轉化的機會。

這一制度顯著改變了漫畫家的角色。過往漫畫家需要依附出版社或雜誌社，有極高的門檻與不穩定收入，而 Webtoon 開啟了創作者與讀者直接互動、按點閱率變現的可能。許多業餘作者也因網路而成名，例如《奇奇怪怪》作者吳城垈、作者（Yaongyi）和《時尚王》作者旗安 84，即是從平台素人躍升為 IP 產業鏈中心的典範。

Webtoon 的敘事與視覺革新

Webtoon 並非只是漫畫的數碼轉換，而是一種全新的敘事模式。它融合動畫節奏、劇集分集邏輯與音效配合，近年來甚至加入部分動態元素與互動腳本，使其越來越靠近互動影像媒體的邊界。

此外，Webtoon 打破了類型限制。在紙本漫畫偏重少年、冒險、格鬥等主流類型時，Webtoon 則因低門檻與多元族群創作者，拓展出戀愛、BL（Boy’s Love）、驚悚、社會寫實、校園、療癒、職場等多樣敘事面向。這些題材的多元正是韓國文化產品成功的一貫策略。

IP 經濟與跨媒體轉化

Webtoon 最重要的產業策略在於其「IP 化」潛能。從《梨泰院 Class》、《Sweet Home》、《女神降臨》、《Perfect Marriage Revenge》，均為由 Webtoon 原作改編的韓劇或影劇作品，證明 Webtoon 已成為韓國影視產業的內容來源寶庫。

這些改編不僅提升了原作流量與收入，也形成一套內容共構生態系——從 Webtoon 啟動觀眾基礎，到影視播出後反饋回 Webtoon 點閱，再擴展至小說、OST、角色周邊、遊戲化，形成龐大的內容商業鏈。

根據《韓國文化內容振興院》的 2023 年報告指出，Webtoon 市場規模已達到 1.5 兆韓元，其中約三成收益來自海外授權與 IP 轉化，顯示其不僅是本土文化消費，更已是全球媒體生態的活躍力量。

Webtoon 的全球擴張與文化輸出

Webtoon 的海外擴張策略極為成功。NAVER 旗下的 LINE Webtoon（現簡稱 Webtoon）與 Kakao 的 Tapas、Manta 等平台，已在北美、東南亞、歐洲等地建立穩定用戶基礎。根據 NAVER 官方資料，Webtoon 平台於 2024 年已在全球擁有超過 8,900 萬月活躍用戶，其中北美地區達到 2,400 萬，顯示韓國原創數碼內容的全球競爭力。

此外，Webtoon 平台也積極推動「在地創作」，例如與法國漫畫家合作開發原創系列，或邀請美國作家製作 BL 題材，形成本地與韓國原作的內容共生。這種「韓國式平台＋本地創作」的雙軌模式，成為韓國文化全球化的新範本。

未來挑戰與文化意義

儘管 Webtoon 展現驚人潛力，亦面臨幾項挑戰：其一為創作者的勞動保障與平台壟斷風險，其二為過度商業化可能導致創意貧乏，其三為在全球市場中與日本漫畫、美國漫畫等長期品牌的競爭。

然而從文化意義來看，Webtoon 不僅是一種商業模式，更是一場媒介轉型下的文化實驗。它提供了全新世代的敘事語言與創作空間，讓更多年輕人得以以自己的節奏與語言進行故事創作，進而參與全球敘事與文化想像的構建。

Webtoon 是一場數碼文化革命

韓國 Webtoon 的發展，見證了韓國如何以數碼為槓桿，將本土文化創意轉化為全球文化資產。它打破傳統出版界限，讓敘事更民主、形式更自由、產業更立體。這場由韓國發起的數碼敘事革命，正在改變全球漫畫的未來 —— 不再只是漫畫，而是文化的流動與連結，一種 K-Story 的新可能。

增補資料

知多一點點韓國網絡漫畫（Webtoon）的二三事

韓國網絡漫畫（Webtoon）自 2000 年代初期誕生以來，已成為全球漫畫產業的重要力量。它不僅改變了漫畫的創作與消費方式，還促成了多部熱門影視作品的誕生。以下平台數據、改編劇名錄，以及時間軸或 IP 改編統計，提供更多增補資料，以助深入探討 Webtoon 產業相關討論。

Webtoon 的市場規模與平台數據

根據韓國文化體育觀光部與韓國文化內容振興院的報告，韓國 Webtoon 產業在 2023 年的總收入達到 2.189 兆韓元（約合 13.6 億美元），較前一年的 1.829 兆韓元增長了 19.7%。其中，平台公司佔據了 64.4% 的收入，達到 1.4094 兆韓元，顯示出平台在產業中的主導地位。

（參考資料來源：https://www.koreaherald.com/article/10382392、https://en.yna.co.kr/view/AEN20250102007600315）

在主要平台方面，Webtoon Entertainment（隸屬於NAVER）在全球擁有約 1.7 億月活躍用戶，覆蓋 150 多個國家。該公司於 2024 年 6 月在美國進行首次公開募股（IPO），估值達到 26.7 億美元，籌集約 3.15 億美元資金。

（參考資料來源：https://www.reuters.com/markets/us/navers-webtoon-entertainment-targets-up-267-bln-valuation-us-ipo-2024-06-17/ https://hk.investing.com/news/stock-market-news/article-554961）

Webtoon 的 IP 改編與影視作品

Webtoon 的內容豐富多樣，成為影視改編的重要來源。以下是一些知名的 Webtoon 改編劇集：

《梨泰院 Class》（2020 年）：改編自同名 Webtoon，講述主人公在梨泰院創業的故事。

《綠豆傳》（2019 年）：根據 Webtoon《朝鮮浪漫喜劇：綠豆傳》改編，講述男主角女扮男裝進入寡婦村的故事。

《D.P：逃兵追緝令》（2021 年）：改編自 Webtoon《D.P：狗之日》，揭示韓國軍隊內部問題，獲得廣泛關注。

《今日的網漫》（2022 年）：翻拍自日本漫畫《重版出來！》，講述女主角在網漫編輯部工作的故事。

Webtoon 的時間軸與統計

以下是節錄部分 Webtoon 產業的重要發展里程碑：

- **2004 年：**NAVER 推出 Webtoon 平台，開啟韓國數碼漫畫時代。
- **2014 年：**NAVER Webtoon 進軍海外市場，推出 LINE Webtoon，擴展至北美與東南亞。
- **2017 年：**Kakao 推出 Kakao Webtoon，加強在國內外市場的競爭力。
- **2020 年：**《梨泰院 Class》電視劇播出，成功引起全球關注，帶動原作 Webtoon 的閱讀量。
- **2023 年：**韓國 Webtoon 產業收入突破 2 兆韓元，顯示出持續增長的趨勢。

（參考資料來源：https://en.yna.co.kr/view/AEN20250102007600315）

- **2024 年：**Webtoon Entertainment 在美國 NASDAQ 上市，估值達 26.7 億美元，標誌着韓國 Webtoon 產業的全球影響力。

（參考資料來源：https://www.reuters.com/markets/us/navers-webtoon-entertainment-targets-up-267-bln-valuation-us-ipo-2024-06-17/、https://www.reuters.com/markets/deals/webtoon-entertainment-prices-us-ipo-21-per-share-2024-06-26/）

根據統計，2023 年韓國 Webtoon 出口市場中，日本佔 40.3%，北美佔 19.7%，顯示出 Webtoon 在亞洲與北美市場的強勢地位。

韓國 Webtoon 透過創新的數碼形式、多元的內容題材，以及成功的 IP 改編策略，重塑了漫畫產業的生態。其在全球市場的成功，證明了數碼內容在現代文化產業中的潛力與價值。

參考資料來源：

1. KOCCA 年報 : https://www.kocca.kr/

2.Webtoon Expert Program (https://kocca.kr/kocca/koccanews/reportview.do?nttNo=706&menuNo=204767)

3. A Policy Study on Fostering Regional Webtoon Industries in Response to Global Webtoon Growth (DOI 10.51467/ASKO.2025.3.21.1.7

第2章

當代韓食的理解

한식의 이해

2.0 廿一世紀的韓食

Hansik

韓國飲食文化已成為全球美食潮流之一，韓國料理現多數稱為「韓食（Hansik）」，是韓國文化的重要組成部分，反映了該民族悠久的歷史和獨特的生活方式。

韓食的多樣性與文化深度

韓國的地理環境和四季分明的氣候，孕育了豐富多樣的飲食文化。從北部的冷麵到南部的豬肉湯飯和海膽海帶湯，各地區的特色料理展現了地方風味的差異。此外，宮廷料理與地方韓定食的區別，以及各類魚醬、泡菜和傳統酒類，皆體現了韓食與韓國文化的緊密連結。憑藉筆者多年在韓國各地的採訪經驗，按着韓國地圖或拍下的照片，都可以娓娓道來韓食料理的迷人故事和私房推薦。

韓食世界化的推動

2008 年，韓國政府正式推行「韓食世界化」政策，旨在將韓國料理推廣至全球，提升國家品牌形象。根據資料，2008 年至 2011 年間，韓國政府每年平均投入約 195 億韓元，四年間共投入約 780 億韓元，用於海外韓食推廣活動、設立韓食餐廳、開發當地食材、訓練專業廚師，以及引進優良餐廳國家認證機制等計劃。

這些努力成果顯著。根據英國品牌評估機構 Brand Finance 的報告，韓國的國家品牌價值排名從 2011 年的第 16 名提升至 2021 年的第 10 名，顯示出韓國在軟實力方面的提升。

早已跨越了泡菜的初印象

韓食的形象早已突破泡菜（辛奇）的單一印象，進入多元風貌的世界化階段。「醬文化」與「發酵文化」的深度結合，使得韓食不僅保有傳統風味，還展現出在現代料理中變化創新的潛力，為其走向全球化拓展了更寬廣的道路。

南韓透過多元化媒介與創意合作積極推動飲食文化「外宣」，其中最具代表性的成功案例之一，就是 Netflix 推出的南韓實境綜藝《黑白大廚》。節目中，主廚與當地便利店開發聯名食品，將節目內料理轉化為現實商品。其中最受歡迎的，是一款以超商材料製成的「栗子提拉米蘇」，不僅喚起觀眾的共鳴，也讓韓食商品更貼近全球消費者的日常生活。在第一期節目結束後，各大廚和廚師的營運的餐廳，大受本地及海外客人歡迎，預約不斷，連本地餐飲手機應用程式 Catch Table 也專門開設主廚專頁，韓食熱潮不退。

推動韓食文化的「韓食文化空間 E:eum」

盡覽韓國飲食文化的「韓食文化空間 E:eum」，是由韓國農林畜產食品部與韓食振興院及韓國農水產食品流通公社設立，由原有的韓食文化館、食品名人體驗宣傳館和傳統酒畫廊合併而成，提供對韓食和傳統酒的展覽、體驗、宣傳及教育，向全球推動韓食成為新的韓國文化潮流。

韓食文化空間共有 3 層。地下 1 樓設擺放了 2,400 餘本與飲食相關書籍的韓食圖書館，和可舉行座談會、研究學術項目的 Eeum 廳。

1 樓的韓食畫廊設有介紹韓食優秀性的常設展和特別展，食品名人宣傳館則銷售食品名人製作的 210 多件商品。

食品名人宣傳館提供主題式韓食體驗項目，可在韓食學習場所和 Eeum 工作室參與線上或線下的韓食料理教室。

筆者一直欣賞韓國的發酵文化，在韓食文化空間可以找到不少韓國匠人的產品，如黑酢、醋，也可以選購特別的韓食產品。

韓食文化空間 E:eum
址：首爾市鍾路區北村路 18 傳統酒畫廊
(서울시 종로구 북촌로 18 전통주갤러리)
時：週二至日 10:00~19:00
網：www.hansik.or.kr
交：地鐵 3 號線安國站 2 號出口直走 5 分鐘

補充一

韓食（Hansik）泛指的是韓國傳統的飲食方式和料理。

其主要特點包括：

- 主食與配菜的搭配：以米飯為主食，搭配多種配菜（稱為「飯饌」或“Banchan”），形成均衡的飲食結構。
- 發酵食品的廣泛使用：如泡菜、醬油、味噌和辣椒醬等，這些發酵食品不僅增添風味，還有助於保存食物和促進健康。
- 季節性與地域性的食材選擇：根據四季變化和地區特產選用食材，體現了與自然和諧共存的理念。
- 藥食同源的觀念：強調食物的營養和保健功能，體現了「藥食同源」的傳統思想。

（參考資料來源：韓食振興院 https://www.hansik.or.kr/）

補充二

從數據看韓食的全球影響力變化

韓國食品在全球市場的影響力持續增強。2022 年，韓國農副產品出口額增加 5.3%，達到 120 億美元，刷新了 2021 年創下的最高紀錄。其中，農業食品出口額為 88.3 億美元，增長 3.2%；水產食品出口額為 31.6 億美元，增長 11.8%。這歸根於韓國飲食文化在全球流行，推動了如辣炒年糕和方便米飯等食品在歐美地區的熱銷。

2023 年：

- 整體出口增長：截至 2023 年 11 月，韓國農產品“the K-Food Plus”出口總額達到 104 億美元，顯示持續的增長勢頭。
- 即食麵：出口額達到超過 8.4 億美元，較前一年增長 25.4%，反映全球市場對韓國即食麵的強勁需求。
- 加工米製品：包括冷凍紫菜包飯和即食米飯等產品，出口額增長 39.3%，達到 2.75 億美元，主要受美國和中國市場需求帶動。
- 泡菜：出口量創下新高，較前一年增長近 10%，這與全球 K 文化的流行密切相關。
- 主要市場：對美國的出口增長 5.4%，達到 11.4 億美元；對中國的出口增長 11.3%，達到 12.4 億美元，顯示兩大市場對韓國食品的強勁需求。

（參考資料來源：https://en.yna.co.kr/view/AEN20231123001900320）

2024 年：

- 整體出口增長：截至 2024 年 10 月，農產品出口總額達到 81.9 億美元，同比增長 8.7%，連續 14 個月保持增長。

（參考資料來源：www.tridge.com/news/korean-food-exports-exceed-81-billion-this-y-cgpovp?utm_source=chatgpt.com）

- 即食麵：單月出口額達到 1.2 億美元，累計出口突破 10

億美元，顯示即食麵在全球市場的持續熱銷。

- 加工米製品：如冷凍紫菜包飯、即食米飯和辣炒年糕等產品，出口額達到 2.5 億美元，較前一年增長 41.9%，在美國市場尤為受歡迎。
- 主要市場：對美國的出口增長 22.1%，達到 13 億美元；對東南亞國家的出口增長 5.3%，達到 15 億美元，顯示韓國食品在多個地區的受歡迎程度。

（參考資料來源：www.koreatimes.co.kr/economy/20241105/south-koreas-agricultural-exports-reach-record-high-through-october）

2025 年初：

- 整體出口增長：截至 2025 年 1 月，農產品出口總額達到 93.2 億美元，同比增長 8.3%，繼續保持增長勢頭。
- 加工米製品：出口額增長 38.4%，達到 2.992 億美元，顯示出全球市場對韓國米製品的持續需求。
- 泡菜：出口額增長 5.2%，達到 1.636 億美元，進一步鞏固其在國際市場的地位。
- 主要市場：對美國的出口增長 21.1%，達到 15.9 億美元，主要受惠於韓國食品進入 Costco 等大型零售商。

（參考資料來源：https://en.yna.co.kr/view/AEN20250107002900320）

2.1 南道飲食與地區文化特色

南道飲食：地理、人文與味覺交織而成的文化象徵

所謂的「南道飲食」（남도 음식），其實並無一套嚴格的官方定義。這個詞彙既是形容詞，也是文化標誌，它不僅泛指韓國南部地區的飲食，更承載着地域文化、藝術、發酵與釀造傳統的綜合意涵。在韓國的歷史語境中，「南道」的意涵會隨着時代背景和社會結構的變遷而演進。

據非正式記載，「南道飲食」一詞開始普及於韓戰結束後，特別是韓國進入工業化與城市化高速發展的 1960 年代起。當時，韓國社會出現明顯的城鄉差異 —— 北部與中部地區大力發展鋼鐵、造船、出口導向產業與海港貿易，而全羅南道等南部農業地區則相對保留了更豐富的傳統生活樣態與飲食文化。進入 1980 年代，隨着「鄉土料理」（향토음식）成為文化討論的重要議題，「南道飲食」逐漸被廣泛使用，最終幾乎成為「全羅南道飲食」的代名詞，也象徵一種植根土地、重視手工與季節感的飲食哲學。

南道的天然糧倉地位與地理優勢

全羅南道位於韓國西南部，是自古以來公認的「糧倉」地區。其地理特徵極為獨特：一方面面向西海與南海，海岸線綿長曲折，島嶼眾多，約佔全國島嶼總數的六成，因此被稱為「多島海」；另一方面，陸地部分橫跨小白山、內藏山、智異山等主要山脈，同時擁有耕作條件良好的廣闊平原。

該地區三大河流 —— 榮山江、蟾津江、耽津江 —— 為農業灌溉提供了充足水源。根據農業統計，全羅南道的水田面積佔全國超過 15%，稻米年產量亦居全國之首。這種山、海、河、平原共存的地理結構，使全羅南道成為糧產豐饒、物資多樣的理想區域，也為其飲食文化奠定了雄厚基礎。

具體來看，全羅南道在農、水產與畜牧業皆表現亮眼。農作物如裸麥、啤酒大麥、大豆、海南紅薯等均為全國最大產地。寶城郡是韓國綠茶的主要供應地，而潭陽則以竹林與竹製品聞名，被譽為「竹鄉」。在畜牧領域，長興韓牛品質上乘，馳名全國。海洋資源方面，該道擁有 700 多個漁港，其中以木浦、麗水、莞島等地漁穫最為豐富。莞島、海南、高興三地出產全國約 70% 的紫菜與裙帶菜，更是鮑魚、蜆、彈塗魚、泥蚶、細爪章魚等的主要來源。這些食材直接進入廚房與市場，塑造出風味多樣的南道料理基調。

南道飲食的文化底蘊與味覺表現

一個地區的飲食文化，往往是地理環境、氣候條件、在地食材與人文風俗綜合作用的結果。

南道飲食的最大特色，就在於它的豐富性與多層次口感，尤其在泡菜、魚醬與南道韓定食（남도 한정식）這三大要素上最能體現。

南道韓定食之所以令人驚艷，是因為它同時結合了「從土地到餐桌、從海洋到餐桌」的哲學。這裏的飲食文化涵蓋了山野野菜的粗獷、大海漁穫的鮮美、島嶼食材的獨特性，以及釀造與發酵技術的成熟，特別是在醬料應用上，南道地區展現了極高的工藝水平。

由於冬季相對溫暖，南道特別適合發酵食品的保存與製作。無論是各式魚蝦醬、糯米糊泡菜基底，還是自家釀造的米酒、魚露，皆具濃郁風味與強烈地域性。此外，南道泡菜通常會加入比中北部更多種類的海鮮、蔬菜與魚醬，令口感層次更為豐厚，也比其他地區來得鹹、辣、香。

這樣的對比可從其他地區的泡菜中觀察：京畿道與首爾地區的泡菜口味清爽、偏淡，常以白菜、蘿蔔為主體，且發酵時間較短；慶尚道地區如大邱則偏好使用辣椒粉與發酵魚露，風味較辣；江原道與忠清道因靠近山區，則會使用山野菜與當地農產品製作泡菜。

南道的飲食調味不僅豐富多樣，餐桌上的呈現方式也非常講究：從前菜、拌菜、主菜、飯與湯，再到水果與甜品，每一道皆講求原料選擇與擺盤美感。韓定食的「拌菜小碟」(반찬) 常達二十道以上，食材變化多端，色彩鮮豔、味道層層堆疊，體現南道人對食物的熱愛與生活的細緻追求。

過百年的傳統韓屋旅館——遊仙館（유선관）

百多年前的遊仙館是為了來訪僧侶而建的客舍，不完全開放；直至 50 年前 70 年代起，開始當作傳統韓屋旅館之用，基本結構保持不變，只為內部進行翻新，作為旅館和餐館使用。

遊仙館的海南南道家庭式韓定食

韓定食可分為用上高級食材的宮廷韓定食，也有各具城市鄉鎮特色的家庭式韓定食，雖然海南郡位於韓國最南方，有美麗的海灣，所以海鮮、蠔、海苔等食材質素都很優質；不過海南的山和田原也不少，在海南和珍島一帶走訪，到處都可以見到大葱田、小葱田、稻米田、番薯田、冬季白菜等，還有各式各樣的山野菜，所以遊仙館提供的家庭式韓定食，包括自家醃漬的水泡菜、漬沙參、醬生蠔、香煎大麥黃花魚、香梨泡菜、醃紫蘇葉及海南大麥飯等，整個飯桌擺滿當地最當季的食材。

址：海南郡三山面九林里 799
(해남군 삼산면 구림리 799)
電：(061)534-2959
網：www.yuseongwan.com

2.2 宮廷御膳與速食文化

韓國飲食文化蘊含深厚的歷史與多樣性，從精緻的宮廷御膳到現代的速食文化，皆展現出韓國社會與生活方式的轉變。

宮廷御膳「水剌」(수라)——傳統飲食的極致表現

朝鮮王朝（1392 年－1897 年）期間，宮廷飲食文化發展出獨特的御膳體系，稱為「水剌」（수라）。「水剌」一詞專指供奉給國王的膳食，而擺放御膳的桌子稱為「水剌床」（수라상）。這些御膳由專門的宮廷廚師團隊精心準備，確保食物的品質和多樣性。在宮廷內，每個殿堂都有自己的廚房，負責各自的飲食。例如，中殿、大妃殿和世子嬪的宮殿均設有獨立廚房，各自準備食物。朝鮮王朝的御膳以多樣化和精緻著稱，通常包括多道菜品，強調色、香、味的平衡。這些菜品不僅滿足口腹之欲，還體現了陰陽五行

的哲學理念，注重食材的搭配和營養的均衡。

近年現代社會對宮廷料理的興趣重新燃起，這就不可不提電視劇《大長今》，電視劇生動地重現出朝鮮王朝的宮廷飲食文化，引起廣泛關注。此外，一些餐廳以「水刺」為名，為顧客提供如同宮廷御膳般的高級料理體驗。

在朝鮮王朝時期，宮廷御膳代表了韓國傳統飲食的最高水準。這些御膳不僅種類繁多，且注重食材的多樣性與營養均衡。每日膳食可多達五餐，每餐包含多道菜餚，並強調色、香、味的完美結合。例如，御膳中常見的菜式包括各式泡菜、醃製海鮮、精緻的肉類料理等，每道菜皆有其特定的擺放位置與食用順序，體現出宮廷飲食的嚴謹與講究。

註：「수라」在韓文中指古代朝鮮宮廷御膳料理，「상」在韓文中指桌子，因此，「수라상」是指擺放御膳的桌子，也就是君王的御膳餐桌。

親身了解宮廷飲食——宮廷飲食研究院

宮廷飲食研究院（궁중음식연구원）於 1971 年設立，是為了延續朝鮮王朝最後一個御膳廚房尚宮韓熙順的手藝，而設立的「朝鮮王朝宮中飲食」培訓教育機構。現時按期提

供各種培訓課程，由韓食專家教授，也有依各時期的宮中飲食進行講授的特別講座。每年的 5 月中旬，都有一年一度的文化開放日。

學做大長今

筆者喜歡吃，也喜歡研究與吃有關的文化。韓國宮中飲食研究院可以讓我多了解御膳、宮中飲食和宴會的文化和傳統韓國料理的一切。於是筆者於某年 5 月中旬趁一年一度的文化開放日，預先在官網申請到宮廷御膳的實習班作體驗。

宮廷御膳的體驗實習班全程 1.5 小時，會講解歷史及文化，也有講述水刺日記等，再由研究院老師示範兩個宮廷菜：醋雞湯和綠芽水芹牛肉雜錦，然後大家分組實習。

址：首爾市鍾路區昌德宮 5 街 16
(서울 종로구 창덕궁 5 길 16)
電：(02)745-3140
網：www.food.co.kr
註：全程只有韓文說明

速食文化的崛起——現代生活的縮影

隨着現代社會的快速發展，韓國的速食文化逐漸興起，反映出人們生活節奏的加快與對便利性的追求。

拉麵（即食麵）作為速食文化的代表，在韓國有着深厚的根基。根據 2022 年的數據，韓國一年賣出約 38 億包即食麵，人均消費 76 包，顯示出即食麵在韓國人日常生活中的重要地位。這種現象反映了韓國人對快速、便利飲食的偏好。而速食文化、便利店飲食文化、餐食套裝（Meal kit）以及街頭飲食等現象，展現了韓國社會在現代化進程中追求快之餘也要新鮮感。這些飲食模式不僅反映了韓國人生活方式的變遷，也對全球飲食文化產生了深遠影響。

便利店飲食文化的盛行

韓國的便利店文化也助推了速食文化的發展。便利店內提供各種即食食品，如飯糰、三文治、即食麵等，滿足了人們對快捷飲食的需求。這些便利店 24 小時營業，成為都市人生活中不可或缺的一部分，同時也常出現便利店食品食譜、新食法的流行。

一些便利店更推出自家特色便當，價格實惠，味道可口，深受消費者喜愛。7-Eleven、CU、GS25、EMART24 等便利店會定期更新便當菜單，迎合不同季節和節日的需求。

餐食套裝（Meal Kit）的興起

近年隨着人們對健康飲食的關注和烹飪興趣的提升，餐食套裝（Meal kit）在韓國市場迅速崛起。餐食套裝是一種預先準備好食材和調料的套裝，消費者只需按照說明進行簡單的烹飪，即可享用美味的家常菜。這種模式既滿足了人們對健康飲食的需求，又節省了購買和準備食材的時間。

韓國的餐食套裝品牌如 Peacock、FreshEasy、Cookit 等，提供多樣化的菜單選擇，從傳統韓國料理到國際美食，應有盡有。這些品牌還注重食材的新鮮度和品質，確保消費者能夠享受到高品質的餐食。

街頭飲食文化的魅力

韓國的街頭飲食文化歷史悠久，至今仍然是韓國飲食文化中不可或缺的一部分。街頭小吃如辣炒年糕、魚糕、煎餅等，以獨特的風味和親民的價格，吸引了無數食客。特別是在首爾的廣藏市場、明洞等地，街頭小吃攤林立，成為遊客和本地人品味韓國美食的熱門場所。

街頭飲食不僅滿足了人們對美食的追求，也成為社交和文化交流的重要場所。人們在街頭小吃攤前聚集，分享美食，交流心得，形成了獨特的飲食文化氛圍。

2.3 從韓國拉麵看韓國飲食文化的傳播

韓國拉麵 —— 速食的全球熱潮

除了泡菜，韓國拉麵（라면 / Ramyeon）也是韓國飲食全球化的重要代表。

韓國拉麵的歷史可以追溯到 1960 年代。1963 年，韓國第一款即食麵誕生，由三養食品（Samyang Foods）推出的「三養拉麵（삼양라면）」，成為韓國第一款本土生產的即食拉麵。當時韓國政府為了應對糧食短缺，鼓勵發展即食麵產業，據說當時即食拉麵產品是為了解決戰後糧食不足、推廣小麥麵粉消費而推出，受到韓國政府支持，如今，韓國拉麵已經成為全球最受歡迎的速食品之一。隨着經濟發展與都市化，即食拉麵因價格便宜、製作快速而受到廣大市民喜愛。1970-80 年代期間陸續出現更多品牌，

如農心（Nongshim）推出的辛拉麵（Shin Ramyun）*。1980 年代，韓國政府將即食麵列為救災與軍隊儲備食品，鞏固其在民眾生活中的地位。到了 1990 年代以後，即食麵口味越趨多樣化與產品升級，開始出現辣味、海鮮、芝士、炸醬、乾拌麵、杯麵等口味，而「辣」更成為韓式拉麵最大特色，強烈風味與濃厚湯底逐漸與日式拉麵區隔。同時期亦出現「拉麵＋泡菜」的黃金搭配，成為韓國家庭常見的吃法。直到近年，韓國品牌不但積極進軍國際市場，除了推出各款國際版口味，製作和定位也走向精品化、高級化，以打入高級超市與餐飲渠道。

韓國拉麵的特色在於濃郁的湯底與充滿嚼勁、彈牙的麵條，其中最具代表性的品牌如辛拉麵（Shin Ramyun）、不倒翁拉麵（Ottogi Ramen）等，不僅在韓國本地受歡迎，在全球各大超市也能輕易找到。

韓國拉麵的成功，很大程度上歸功於韓流文化的推動。在韓劇和韓綜中，經常能看到主角們煮着熱騰騰的拉麵，搭配泡菜大快朵頤的場景，讓許多外國觀眾對拉麵產生興趣。例如在電影《上流寄生族》中出現的「浣熊炸醬麵」（짜파구리 / Jjapaguri，炸醬麵 + 烏冬），一夜間成為網絡熱話，許多人紛紛模仿製作。

* 辛拉麵於 1986 年上市，成為全球銷量最高的韓國拉麵。

你見過韓國拉麵的 Pop up store 嗎？

本地品牌之一「農心」，在 2023 年 2 月開設了農心拉麵快閃 Pop up 體驗，除了展示品牌歷史及產品，還有售賣不少特別版紀念品，也可以參與自製個人版拉麵，現場更可以直接來一碗。

同期，「三養拉麵」的 COOTIQUE 高級炸醬麵快閃 Pop up 也在附近舉行，店內還設置大熱的人生四格自拍機，參與完活動還有紀念品呢！

2.4 一道韓國「辛奇」的全球旅程

如果你問韓國人：「甚麼是韓國餐桌上不可或缺的食物？」十之八九，他們的答案會是——辛奇（김치 / Kimchi，泡菜的官方名稱），甚至連外遊也要帶着袋裝泡菜和韓式辣椒醬，不過也有例外的，至少筆者認識不少不吃泡菜不吃辣的韓國人。

泡菜在不同地區有差異？

韓國各地的泡菜會隨不同地區的氣候、地形、食材及製作方式而異，加上人民的生活習慣而發展出獨特風味，全羅南道的泡菜在韓國可說是首屈一指，因為全羅南道的食物種類豐富，獨特海產、山菜、醬料和魚醬也特別多，所以全羅南道泡菜的種類和調味都比其他地區多，味道來得豐富，連帶飯桌上的拌菜小碟都五花八門，由前菜、拌菜、主菜、飯、湯及後食都各有特色和故事，組成具特色的南道飲食飯桌。

在中部和北部地區包括京畿首爾，主要以白菜、蘿蔔等作為泡菜的主食材，以清淡、辣帶清爽的味道為主；而在南部地區，氣候較和暖，而全羅道的食物種類豐富，海鮮、野菜的品種較多，加上多以不同的鹽、魚醬和糯米漿醃製，味道較濃較豐富；內陸盤地區域如慶尚北道的大邱，泡菜的味道就較辣。

越冬泡菜被登錄為人類非物質文化遺產

韓國人對泡菜的情感，類似於香港人對奶茶、法國人對長棍麵包，這不只是食物，更是一種文化的延續。傳統上，韓國家庭會在冬天製作越冬泡菜 *（김장 / Kimjang），一家大小齊首一堂，醃製足夠吃一整年的泡菜。於是也衍生了光州世界泡菜文化節 **、首爾 Kimjang 文化節等大型文化節慶，將泡菜的影響力慢慢推向全球。

2013 年，聯合國教科文組織將「越冬泡菜」列為人類非物質文化遺產，進一步肯定這道韓國經典料理的文化價值。如今，在亞洲、美洲和歐洲的韓式餐館，泡菜幾乎成為必備小菜。甚至，在一些高級西餐廳裏，也能看到泡菜作為佐料，與西式料理結合，展現了其強大的適應力。

* 越冬泡菜是指為了度過漫長且寒冷的冬天而一次過大量醃製的泡菜。

** 光州世界泡菜文化節（광주세계김치문화축제）於每年10 月中旬在韓國光州中外公園一帶舉行，慶典節目包括泡菜製作大會、泡菜名人選拔、各種泡菜體驗、美食市集及學術研討會等，是其中一個將韓國泡菜文化帶向世界的重要舞台。

越冬泡菜的傳統製作過程

1. 白菜與食材的收穫（10 月中旬至 11 月上旬）

收成時期：進入深秋時節，氣溫轉涼但尚未結冰，最適合進行越冬泡菜的準備工作。

主要原料：白菜是主角，此外還包括蘿蔔、青葱、大蒜、生薑、辣椒粉、魚露、蝦醬、鹽、糯米漿等。

挑選標準：白菜需緊實、水分足；蘿蔔新鮮、爽脆。所有原料都需新鮮無損，這樣才能保證泡菜發酵的品質。

2. 白菜鹽漬（1 至 2 天）

對半剖開：將白菜一剖為二或四，方便鹽水滲透。

撒鹽與浸泡：每層葉子之間灑鹽，再浸泡在鹽水中 6~12 小時（依溫度與白菜大小而定）。

翻動與沖洗：中途需翻面，使鹽均勻滲透。醃漬完畢後用清水沖洗兩至三次，去除過多鹽分，瀝乾備用。

3. 製作調味醬料（泡菜餡料）

主要成分：紅辣椒粉（고춧가루）、魚露、蝦醬（發酵海鮮增加鮮味）、糯米漿（幫助發酵）、蒜、薑、青葱、洋葱、蘿蔔絲（增加口感），也可加入梨或蘋果泥增加甜味。
攪拌：將所有餡料混合後放置片刻待入味。

4. 填充醬料與包裹
填料入菜葉：將調好的醬料小心地夾入白菜每一層葉子之間。
包裹白菜：最外層葉子包住整棵白菜，呈整齊形狀，便於存放與發酵。

5. 裝罐與發酵
裝入泡菜罐（김치독）或密封容器中。
短期室溫發酵（1 至 2 天）：讓泡菜開始進行乳酸發酵，之後需轉入冷藏櫃或地窖中。
冷藏保存：傳統做法會將泡菜罐埋在地下以穩定低溫，如今多改用「泡菜冰箱」儲存，可保持最佳熟成狀態。

6. 保存與食用
越冬泡菜的保存期可長達數月。
發酵時間愈久，酸味愈重。新鮮時可生食，熟成後適合做泡菜炒飯、泡菜鍋、泡菜煎餅等料理。
這個傳統不僅是一種保存食物的方式，更是韓國家族與社區共享勞動與情感的文化行為。至今，越冬泡菜仍被視為韓國文化遺產的重要象徵。

增補資料

華語地區的新名字：叫我「辛奇」

早在 2013 年 11 月，南韓官方為韓國泡菜申請世界文化遺產，曾經為泡菜正名新名字，希望與中、日泡菜作出區別，不過當年未有成功；後來於 2021 年 7 月，南韓文化體育觀光部正式發表，將韓國泡菜（Kimchi）的標準中文譯名，從「泡菜」更名為「辛奇」，同時南韓官方在華語地區申請註冊「辛奇」為韓國泡菜的商標，除了作出區別，也希望能提升全球市場上的國際形象。

2.5 從韓式炸雞看雞啤文化

外來食品到韓式炸雞

韓國炸雞的原形源於西方，最初由美國駐韓美軍引入美式炸雞文化。1950 年代韓戰後，美軍在韓駐紮期間，美國士兵吃炸雞的習慣漸漸影響了韓國人的飲食習慣。當時炸雞屬於高級洋食，於大眾市場並未普及。至 1960 至 70 年代，韓國經濟起飛，家庭消費力上升，民眾開始接觸到更多外國料理，油炸技術也在此期間普及。1980 年代初，第一代真正本土化的韓式炸雞店出現，最早期的品牌包括「林先生炸雞（임실치킨）」、「橋村炸雞（Kyochon Chicken）」等。韓國人將美式炸雞改良，以二次油炸方式讓外皮更酥脆，並開始加入甜辣醬、蒜香醬、醬油等韓式醬料，展現與美式炸雞完全不同的風格。韓國人吃炸雞會配搭啤酒（맥주），這個配搭逐漸形成「치맥」（炸雞＋啤酒）這種獨有韓式吃法。到了 1990 至 2000 年代，炸雞開始大眾化與品牌化，韓國炸雞連鎖品牌如 BBQ、Pelicana、Nene、Kyochon、BHC 陸續成立，部分品牌也設立特許經營，急速在多個地區開設分店。炸雞外送文化興起，是韓國速食產業的重要里程碑之一。下班後點一

份、有球賽點一份、看奧運點一份、開派對點一份……炸雞配啤酒，成為典型的韓國生活縮影。

舊式的호프집和傳統市場常見的통닭집

韓國炸雞文化的發展，其實跟「舊式호프집（啤酒屋）」與「傳統市場的통닭집（整隻炸雞店）」密切相關。호프집是韓國從 1970~80 年代興起的啤酒專門店，受德式啤酒文化影響，名稱來自德語“Hof（啤酒廳）”，但韓國式的 Hof 更像是供應炸物和下酒菜的小酒館。其中炸雞是最受歡迎的下酒菜之一，隨着啤酒文化普及，炸雞作為「치킨안주（下酒炸雞）」快速走紅，在호프집成為招牌料理之一，這也速成了「치맥（炸雞配啤酒）」這種經典搭配的雛型。

통닭집是韓國早期在傳統市場常見的炸雞店，통닭（Tongdak）在韓語是「整隻雞」的意思，最早出現可追溯至 1960~70 年代。早期的炸雞方式是整隻油炸、不切塊，炸好後外表酥脆，裏面多汁，通常搭配鹽、芥末醬或甜辣醬食用。這類炸雞價格平實，常是家庭週末聚餐的菜式，充滿懷舊風味。即使今時今日韓式炸雞已高端化，통닭집仍在韓國地方市場中保有一席之地，值到現在仍可在

韓國各地的傳統市場找到，部分老店更是本地人城市旅行必訪的行程之一。

韓流文化成推動力

電視綜藝與連續劇也對炸雞文化推波助瀾，讓「치맥」成為 K-drama 中最具代表性的飲食組合之一。

2010 年代起，韓劇開始成為韓流文化的主力，劇中角色動不動就來一盤炸雞，配上一杯冰涼啤酒，讓全世界觀眾對這道料理產生興趣。韓劇《來自星星的你》播出後，中國與東南亞地區的韓式炸雞店如雨後春筍般出現，美國、歐洲市場也相繼湧現多個韓式炸雞品牌，如 Bonchon、bb.q Chicken 等。

令人驚訝的是，韓式炸雞的成功，讓人不得不佩服韓國品牌的市場策略。他們不只是輸出一種食物，而是創造出一種韓國生活方式，一種與朋友共享、下班後放鬆的飲食文化。

京畿道水原的炸雞街（수원통닭거리 Suwon Tongdak Alley）位於水原華城附近，聚集了數十間老字號炸雞店。水原炸雞多數採用「통닭」（整隻雞）現宰現炸，保留雞的原形，並以簡單的鹽調味或舊式粉炸手法烹調。沒有現在流行的甜辣醬（양념소스），但雞皮特別酥脆，肉嫩多汁。

水原炸雞街上都是小規模家庭式炸雞店，保留以前「통닭집」的特色。2019 年上映的韓國電影《炸雞特攻隊》（극한직업 / Extreme Job），再次帶動了韓國本土傳統炸雞熱。

大邱的炸雞啤酒節

大邱（Daegu）被稱為「炸雞的故鄉」。根據多數韓國媒體與地方資料記載，1980 年韓國最早的炸雞專門店之一「림스치킨（Lim's Chicken）」就是在大邱誕生。大邱早在 1970 年代末，就有不少家庭式炸雞店興起，包括早期的통닭집（整隻炸雞店），之後這些本地品牌發展出連鎖體系，是韓式炸雞成型的關鍵城市之一。2013 年，由大邱市政府與民間餐飲協會聯手舉辦炸雞節，目的在於推廣本地餐飲文化、振興地方經濟和提升韓國炸雞的全球形象。節慶期間有 數十家韓國知名炸雞品牌參與（如 BHC、BBQ、페리카나等），期間設有炸雞烹飪秀、吃雞大賽、泡沫啤酒派對、K-pop 演唱會等，每年吸引逾百萬人次參與。

傳統炸雞與現代韓式炸雞

類別	傳統炸雞（통닭）	現代韓式炸雞（양념치킨、후라이드치킨）
起源時間	1970 年代	1982 年起
烹調方式	現宰整隻雞直接炸，味道樸實	可全隻也可分部位雙重油炸，講求酥脆與醬料搭配
是否有調味醬	通常無醬，只灑鹽或胡椒	通常有醬，如甜辣、蜂蜜蒜、辣醬油等
味道風格	傳統、清淡、偏復古	多樣化、濃郁創新
文化意義	炸雞的起源之一	全球化、K-food 代表

2.6 韓綜《黑白大廚：料理階級大戰》──韓國料理華麗轉身一大步

韓綜《黑白大廚：料理階級大戰》（흑백요리사：요리 계급 전쟁）的出現推動了韓國文化餐飲的革新，將韓國料理推向國際高級市場。節目本意是呈現兩種韓國飲食世界的正面對決，除了料理上的對決、了解不同背景的韓國飲食世界，節目也像對「韓國料理未來走向」展開了一場公開辯論與試驗。

過去韓食常被簡化為泡菜、拌飯、烤肉，該節目透過創意挑戰讓觀眾見識到，泡菜可以變成冷盤前菜或高級發酵品、韓式家常菜能變身為 Fine dining、分子料理、街頭食物可進軍世界廚藝殿堂等，這正好呈現韓食的多樣性與延展性，和韓廚對韓食料理的新觀念。節目中出現的高級韓餐料理、主廚理念，引發國際媒體和美食博主們的關注，有助韓食形象升級。

韓國料理的高級化之路

談到韓國飲食的全球化，不能忽略韓國料理的「高級化」進程。

傳統上，韓國料理給人的印象是家常菜、平民化，但近年來，許多韓國主廚正在改變這種觀念，將韓國料理帶到世界頂級餐廳。代表性人物之二，便是《黑白大廚》評審——韓國美食家兼企業家白種元，與米芝蓮三星餐廳主廚安成宰。

白種元，作為韓國最具影響力的餐飲企業家之一，不僅成功開設無數餐飲品牌，還透過電視節目和社交媒體推廣韓國料理，讓更多人了解韓式餐飲的魅力。安成宰則是首位獲得米芝蓮三星榮譽的韓國主廚，他在海外開設的韓式高級餐廳，將韓國傳統料理精緻化，成功吸引一眾美食家慕名而來。

要將韓國料理高級化並非易事，因為它不像法餐或日料那樣擁有悠久的 Fine dining 歷史；但韓國主廚們透過結合傳統與創新，讓韓國料理逐漸在全球高級餐飲市場佔有一席之地。泡菜的普及、韓式炸雞的風靡、韓國拉麵的崛起，以及高級韓國料理的發展，都顯示了韓國飲食文化的全球化進程。不過這股潮流會如何發展呢？從該節目可以預見，未來的韓國飲食文化不會局限於某種傳統形式，而是透過融合韓國獨特元素、創新、科技，繼續在全球市場拓展新的可能。

從新認識韓國獨有食材

其中一集是黑湯匙們與白湯匙廚師的一對一大戰，使用同樣的主要食材展開創意料理對決，當中大多是具韓國特色的食材，如斑鰩（홍어）、乾蘿蔔纓（시래기）、酸辛奇（묵은지）、海藻（매생이）等，尤其是在斑鰩（홍어）對決中，讓觀眾多認識具韓國特色的獨有食材，突破固有印象。

斑鰩（홍어）

全羅南道木浦最具代表的食材，也是木浦九味之一。斑鰩令到在場所有大廚及進行對決的兩位主廚都異常緊張的原因，是因為斑鰩經發酵後是世界上最臭的食物之一。白方是意大利廚師 Fabrizio Ferrari，他的餐廳 Al Porticciolo 84 在 2005 年被選爲米芝蓮一星餐廳而廣爲人知，他對韓國飲食大感興趣之餘，近年亦活躍於韓國飲食綜藝節目，他的參賽作品是「Fine Dining 的斑鰩三合（파인다이닝 홍어 삼합）」，主要用上韓國酸辛奇（묵은지）、炸斑鰩（홍어）和意大利煙燻五花肉；而黑方是由韓國出身、餐廳 Via Toledo Pasta Bar 老闆兼主廚나폴리 맛피아（권성준），他熱愛意大利料理文化，以斑鰩的每個部位製作「斑鰩意

大利飯（홍어 그린 리소토）」。賽果以一比一票選，經評審商議後由黑方勝出。

斑鰩亦稱為魟魚或魔鬼魚，盛產於全羅南道的海岸地區，在木浦港木浦海鮮市場和港東市場可以找到最多的斑鰩。根據韓國《世宗實錄地理志》（세종실록지리지）記載，斑鰩是全羅南道其中一款進貢皇室的貢品。它 是南道飲食中最有「特色」的發酵食品代表，經發酵後會產出尿素，即是我們俗稱阿摩尼亞的氣味，刺鼻嗆喉，如吃上一口斑鰩魚片，咀嚼幾口吞下，百倍芥末味就會一秒由胃衝上鼻腔，提神醒腦，在南道宴席上是不可缺少的一道美食。

在韓國以斑鰩入饌的菜式和食法，最常見的是斑鰩三合（홍어삼합）。三合是指水煮五花肉、已發酵的斑鰩和全南老泡菜酸辛奇（묵은지），三片夾起一同放入口，三種味道混合衝擊味蕾和嗅覺。有些店家會配上香辣的斑鰩，有些則會使用自家醃製的酸辛奇（最少醃 1-2 年、味道帶酸的老泡菜為上品），再配上一碗爽口的馬格利酒，才是地道的木浦美味。有些鄉土食店，會用上發酵後的斑鰩製作涼拌料理和小煎餅等，也是當地人喜愛的下酒菜。

乾蘿蔔纓（시래기）

泛指將蘿蔔纓或白菜葉曬乾的韓國菜乾，通常在將大蘿蔔和大白菜收成準備做越冬泡菜時，將蘿蔔頂的蘿蔔纓和大白菜葉切下，編成草繩晾乾後貯存。曬乾了的菜乾，可用以製作健康的石鍋飯，也會製成乾菜大醬湯或作熬湯用；而新鮮切下的蘿蔔纓，也可以成為越冬泡菜或醃成蘿蔔纓泡菜。

在韓國農家菜中，乾蘿蔔纓是常用食材之一，將乾蘿蔔纓煮軟後，放入白米中炊煮成乾蘿蔔纓飯，會帶有迷人的特殊香氣，是京畿道地區常見的料理。在每年的 11 月中旬，收割大蘿蔔和大白菜準備越冬泡菜時，天氣寒冷，完成農活後，多會準備以乾蘿蔔纓、蘿蔔、白菜、牛肉熬煮而成的辣湯，有營養兼暖胃。

青海藻（매생이）

韓國西海和南海一帶獨有，收穫季節相當短，只有 1 月份左右。現多數收穫後放在冷凍室儲存，解凍後銷售，這樣一年四季都可以吃到。青海藻的樣子有點像深綠色的頭髮，充滿着大海的味道。青海藻營養豐富，含有豐富鐵、鉀、碘、鈣等物質，對貧血人士和皮膚美容有好處。因味道溫和，宜作為解酒湯。現在韓國人用青海藻與蠔煮成海藻湯，或者做成刀削麵和年糕湯，也有做成粥或涼拌小菜。

青海藻是朝鮮時代長興郡的貢品，從《玆山魚譜》等各種記錄來看，青海藻並不是漁民放棄的剩餘水產，只是不容易運輸保管及難以養殖，所以只有近海一帶的人才知道這種海中食材。

2.7 # 韓食 Fine dining 實記

海雲台 Yulling

釜山海雲台的 Yulling（율링）餐廳，是一間結合韓國傳統風味與現代創意的高級韓式料理餐廳。餐廳名稱源自「調和」與「完成」之意，象徵着味覺、形式與氛圍的完美平衡。

主廚精選當季食材，透過西式烹飪手法重新演繹韓國料理，創造出一道道既熟悉又充滿新意的菜餚。菜單依據四季更替調整，結合了韓國傳統與時令元素，讓食客每次造訪都有全新體驗。

Yulling 擁有寧靜優雅的用餐空間，有些座位更可遠眺大海，增添視覺與心靈的享受。此外，餐廳還特別由國家級認證侍酒師提供餐酒搭配服務，無論是酒精或無酒精飲品，都能與料理完美融合，帶來完整而細膩的用餐體驗。

秋季午餐套餐內容（依菜單排列）：

第一幕：小

小韓一品

多樣的韓式小前菜拼盤

蝦

醬油蝦搭配發酵蔬菜的香氣

五花肉

使用紅辣椒發酵醬燉煮的韓牛五花肉

第二幕：火

馬鈴薯

白洋葱醬與煎炸馬鈴薯料理

麵條

意大利寬扁豆冷麵

鮑魚

以昆布醬煮製的鮑魚，搭配普羅旺斯意大利粉與茄子醬

牛肋條

炭烤牛肋條，搭配辣椒愛波艾滋醬（고추장 에빠이즈 소스）

第三幕：樂

真之賞

由米飯 / 湯 / 多道韓式配菜組成的韓國傳統膳食

Chef Gon

位於釜山南浦洞的 Chef Gon，是一家藏身在札嘎其市場旁巷弄中的無菜單海鮮餐廳，由經驗豐富的申永坤主廚掌舵。他曾是飯店大廚，擁有 30 年餐飲經驗，繼而轉身成為私廚。

Chef Gon 的菜式結合法式烹調手法與韓國在地風味，以每日市場新鮮捕獲的海產為靈魂。從食材選擇、味道層次到視覺擺盤，都顯出廚師的嚴謹和用心。2024 年，Chef Gon 更入選《米芝蓮指南》，是少數能將溫度、技術與地方精神融合於一席料理中的店家。

餐廳提供的無菜單套餐分量實在，價格合理（約 78,000 韓元起）。主廚的料理緊貼釜山在地風土，善用來自札嘎其市場每日直送的新鮮漁穫。常見的海鮮食材包括完島的比目魚、釜山近海的海螺、濟州沿岸的墨魚、釜山機張的海膽、統營的岩蠔，以及油脂豐厚的黑吞拿魚。這些來自韓國各地海域的海產，展現出不同海水條件下的風味層次。

除了海鮮，Chef Gon 也擅長運用韓國各地的大自然野味與本地作物，例如春季山林中可食用的野菊菜、刺嫩芽，以及野馬鈴薯、韭菜，為菜餚帶來野性清香。還有來自統營的柚子、濟州的蕨菜、陝川的栗子，皆是強調時令與地產風味的要角。

而像釜山本地種植的番茄、大葱、紅蘿蔔、粟米、紫蘇葉與蜂蜜，則常見於配菜、醬料和湯品中，與主食韓國米飯搭配，構出具有土地溫度的精緻韓食。

Jagalchi 午餐套餐菜單（Jagalchi Lunch Course）

한치 , 멍게 & 낙동강 물김소스
魷魚、海鞘與洛東江海藻醬

새우 만두와 비스크소스 , 파마지에노치즈
蝦肉餃子佐濃湯醬與巴馬臣芝士

유자 파래무침을 곁들인 굴다데기와 굴튀김
柚子紫菜沙律搭配生蠔與炸蠔

홍합죽 , 명태소스 , 감태
青口粥、明太魚醬、甘海藻

보리 리조트 , 단호박소스를 곁들인 문어구이
烤章魚佐南瓜醬與大麥凍

문경 약돌먹인 돼지 바비큐
聞慶藥石飼養豬肉烤肉

커스타드 푸딩
吉士布甸

2.8 韓食的根本：發酵

十多年前第一次接觸韓國料理，還以為韓國料理的精髓是辣和紅，直到經過這十年在韓國各地走訪的尋味之旅，才真正明白，韓食的根本，是發酵。從泡菜、大醬、辣椒醬、魚露、魚醬、醬油，到米酒、清酒和燒酒，發酵和熟成的技術不僅延續了韓食的獨有風味，更成了韓國人情感、記憶與風土的化身。

韓國位處四季分明的半島，嚴冬時節氣候嚴寒，土地結冰，萬物封藏。為了保存秋收後的蔬果、海鮮與穀物，古人發展出發酵技術。不同於冰箱保鮮的冷藏概念，發酵能將腐壞轉化為風味，是一種與自然共處的智慧。

泡菜：口味多變的醃製食物代表

以泡菜為例，冬季來臨前，全家人齊聚進行醃越冬泡菜（김장）儀式，現已被聯合國教科文組織列為人類非物質文化遺產。不是每家泡菜都一樣，因為每個家庭的配方、手勁、鹹淡與辣度都不相同。所以一口泡菜代表着一個人、一個家的味道。

泡菜是韓食的靈魂，也是韓國母親的手藝記憶。辣椒粉、大蒜、魚露、糯米漿……將這些材料混合在一起，看似簡單，卻因為每家不同的手法與氣候條件，而發酵出截然不同的風味。南部的全羅道泡菜着重魚醬與海味，京畿與江原則偏好清爽與清淡，各有風貌。

大醬：韓國飲食的根基

「如果說泡菜是家的靈魂，那大醬就是地的氣味。」這是我在安東河回村聽一位豆醬匠人說的話。韓國傳統院落裏，最常見的風景之一就是一排陶甕（옹기），用來盛載醬油、大醬與辣椒醬。它們像一群靜默的守護者，吸收日月精華，歷經寒暑變化，悄悄地醞釀着濃郁的滋味。大醬湯是許多老一輩韓國人每天早餐必備，也是一些家常韓定食餐桌上出席率最高的湯水之一。大醬的發酵，以黃豆為基底，煮熟後壓製成塊（메주），晾乾發酵，再與鹽水一起放入陶甕中發酵數月。每一甕大醬，都帶着店主的溫度與季節的痕跡。當筆者坐在安東河回村一間傳統餐館裏，喝着熱騰騰的韓牛大醬湯，配上小碟泡菜與熱飯，看着窗外飄雪，終於理解「溫暖」可以是一種味道，而這份溫暖，是由豆子與時間釀成的。

傳統酒：發酵的另一路徑

除了食物，韓國的發酵文化還延伸至酒的領域。

韓國的傳統酒類，如馬格利（막걸리，Makgeolli）和清酒（청주，Cheongju），也是發酵文化的重要體現。馬格利是一種由米發酵而成的濁酒，口感微甜，酒精濃度較低，深受大眾喜愛。清酒則是經過多次過濾的透明酒，口感較為清爽。這些酒類在傳統節日和慶典中扮演着重要角色，象徵歡慶與團聚。

除了使用米，發酵酒也以小麥與麴菌（누룩）製作。麴是韓國發酵文化的核心，它是天然酵母與菌類的混合體，能在穀物中發酵出甜味與酒精。此外在江原道横城的某間酒廠，則用竹炭水與在地米釀造出清新的清酒，更曾獲得國際比賽金牌。而在安東則有種高酒精度的安東燒酒，以地窖方式發酵蒸餾，烈而不嗆，常被用於祭祀或迎賓。

近年，有些年輕釀酒師重新詮釋傳統米酒，加入山莓、柚子或紫蘇等風味，讓發酵不只是老一輩的回憶，而成為年輕人的生活選擇。

傳統酒類的製作過程需要時間與耐心，就如家釀酒 *，通常由家庭自行釀造。這個過程不僅是技術的傳承，也是家庭成員之間情感的交流。然而，隨着現代化的進程，這個傳統逐漸式微。為了保護和傳承此文化遺產，韓國政府和民間組織積極推動相關教育和活動，例如舉辦釀酒體驗課程和傳統酒節。

* 家釀酒文化館山楂園（전통술박물관산사원 본원）

山楂園與其他釀酒文化館有幾點不一樣：設有真正的戶外釀酒場、可預約釀酒教室、自由試飲的 Tasting Zone 和不同的展示等，只需 4,000 韓元就可以嚐到近 40 種米酒、傳統酒、藥酒、馬格利酒等，另外部分在櫃內的酒則可以付費品嚐。

址：京畿抱川市華賢面華東路 432-2
（경기 포천시 화현면 화동로 432 번길 25）
電：(031)531-9300

發酵文化的現代轉型

隨着全球化的影響，韓國的發酵食品和傳統酒類也在不斷演變。現代技術的應用使發酵過程更易掌控，產品品質更穩定。例如，現代化的泡菜製作工廠能夠大量生產，以滿足國內外市場需求。此外，韓國的發酵食品也逐漸進入國際市場，成為韓流文化的一部分。

在國際市場上，泡菜被譽為健康食品，富含益生菌，有助腸道健康。這個特點使得泡菜在健康意識日益增強的消費者群中廣受歡迎。此外，韓國的發酵食品也被融入到其他國家的料理中，形成了多元的飲食文化。

增補資料

聯合國教科文組織保護非物質文化遺產

南韓制醬文化（Knowledge, beliefs and practices related to jang-making in the Republic of Korea）：

以大豆為主材料製作成豆豉，再經由發酵製成大醬、醬油等，這一傳統醃製法於 2024 年 12 月正式成為韓國第 23 個非物質文化遺產。

第3章

韓國民族宗教 & 信仰

민족 종교 & 신앙

3.0 淺談韓國信仰與宗教

在走訪韓國城鄉間訪問和考察的那些日子裏，我最常聽到本地人們講起不少故鄉傳說、山神、祖靈、巫女巫當的故事；近年在韓劇的題目八花齊放之下，以民間信仰與宗教為主軸的劇情越來越多。民間信仰，在日常裏延續的「生活信仰」，影響着韓國人的日常與靈魂。

韓國的民間信仰（민속신앙）並不是一套成文的宗教體系，而是一種活在百姓生活裏的自然信仰形式。它融合了薩滿教（巫教）、佛教、儒家和道教的元素，發展出極具韓國特色的信仰觀。這些信仰多半圍繞「自然崇拜」與「祖靈崇拜」，也與人們對健康、運勢、農耕與死亡的理解密不可分。

你或許不知道，在今天的韓國，有不少人依舊在每年春秋兩季舉行「祭祀」（제사），以食物獻祭祖先。而在濟州島或江原道等地，則流傳着許多關於山神、海神、樹神的故事。對他們來說，這不僅是信仰，更是與自然和過往連結的一種方式。近年來，這些民俗信仰更被融入主流文化媒體。例如電視劇《德魯納酒店》、《還魂》及《驅魔麵館》等劇集便圍繞巫術、靈界與傳統信仰展開敘事，反映出韓國大眾文化對傳統精神世界的再認識與當代表達。

參考資料來源：

韓國民俗文化大百科字典 https://encykorea.aks.ac.kr/

最深印象——到訪安東時嚐過的祭祀飯

安東傳統鄉土之味一味 50 年假祭祀飯（맛 50 년헛제사밥）

安東是全韓國最重儒教文化的地區，每年都會舉辦多次的祭祀活動，連出身於安東的朋友都說，每逢大節日或一到祖先的生死忌日，都得要回鄉參與祭祀活動，假祭祀飯 (헛제사밥) 其實是祭祀祖先的飯菜的一種，以最健康、最優質的祭祀食物獻給祖先。

味 50 年假祭祀飯（맛 50 년헛제사밥）

韓屋設計

有煎豆腐、南瓜煎餅、白菜煎餅、牛肉煎、鯊魚肉、醃鯖魚、蛋等祭祀常見的小菜

鯊魚肉和大蔥牛肉

以醬油取代辣椒醬來拌飯

香煎小黃魚

加六種的小菜，有白菜、豆芽菜、菠菜、海帶、蘿蔔絲

鯊魚肉

安東傳統鄉土之味

安東特色甜酒釀（呈橘紅色）

富有安東傳統鄉土特色的祭祀飯，有幾點是比較特別的：（1）以醬油取代辣椒醬來拌飯、（2）安東甜酒釀（식혜）是橙紅色的，辣椒粉、蘿蔔粒和生薑、（3）以鯊魚肉（상어고기）做小菜等、（4）祭祀用的盤子。

韓國人常以辣椒醬拌飯，但安東傳統拌飯都是以醬油取代辣椒醬來拌飯，加六種的小菜，有白菜、豆芽菜、菠菜、海帶、蘿蔔絲等一起拌吃。

安東特色甜酒釀（안동식혜）和一般甜酒釀不太一樣的是裏面以「蘿蔔粒（무채）」代替以往喝到的米，是橙紅色的，辣椒粉、蘿蔔粒和生薑，是夾有鹹甜酸的味道！

址：慶尚北道安東市象牙洞 513-2
(경북 안동시 상아동 513-2)
電：(054)821-2944
時：09:00~21:00
交：安東站搭乘 3 號巴士至月映橋下車

山神與土地神——
從自然崇拜到日常供奉

韓國是一個山多的國家，因此「山神」（산신）在信仰體系中具有重要地位。無論是北漢山、智異山或雪嶽山，許多登山口附近都會看到山神閣（산신각），裏面供奉着留着長鬚、身穿道袍的老者形象，常常伴着一隻虎。山神的職責是守護山林與人們的安全。許多登山者在出發前會先向山神祈禱，祈求平安、天氣好轉。尤其是秋冬山難頻繁時，更加顯示出人對自然力量的敬畏。韓劇《智異山》也有提及山神祭的內容。除了山神，還有「城隍神」（성황신）、「地基神」（지신）等，分別守護着村落與家宅的安寧。這些信仰也反映出韓國人傳統上對土地的敬重，和「風水」文化有着千絲萬縷的連結。

韓國傳統的「山神（산신）」與「土地神（터주신 / 지신）」信仰，源自古代農耕與自然崇拜，雖是泛靈信仰的一部分，卻至今仍活躍於民間生活中。山林廟（산신각）在許多寺廟後山或山腰，可見獨立的「山神閣」（산신각），供奉長鬚白髮的山神爺爺，有時身邊有虎為坐騎。登山客或村民會在山神閣前焚香、擺水果，祈求平安、保佑山林生態豐收。在農曆三月三日、十月十五日等節氣，有的村落會舉行「山神祭」（산신제），為保村莊風調雨順。

薩滿與巫女

薩滿教（무속신앙）是韓國最古老的宗教形式之一，其核心人物為巫女（무당），她們被視為人與神靈之間的媒介。即使在現代社會，巫女的角色依然重要，特別是在個人或家庭面臨重大決策時，如婚姻、事業或健康問題。許多韓國人會尋求巫女的指引，進行儀式（굿）以祈求平安與順利。這些儀式不僅是宗教活動，也成為社區凝聚力的一部分，反映了人們對傳統信仰的依賴與尊重。

韓國的巫教（무속신앙）是其最古老的信仰形式之一，與中國的巫術或日本的神道教有着微妙相似卻自成一格。巫女（무당）是這種信仰的核心人物，她們被視為能夠與靈界溝通的中介者。「굿」（巫儀）是巫教常見儀式之一，這些굿通常依地區不同而異，有為祈求豐收、驅邪避災、安撫亡靈、迎神送神等不同目的。即便到了現代，巫儀依舊在一些家庭與企業中扮演重要角色，特別是在面臨重大抉擇或轉折時。

參考資料來源：

韓國文化遺產廳

Cultural Heritage Administration (CHA)

https://www.khs.go.kr/

雖然現代韓國是一個高度現代化、科技發達的社會，但薩滿信仰（무속신앙）仍深植在民間文化中。常見的例子如個人或家庭遇災厄時請巫女問卜和做法，如孩子長期生病、夫妻不和、經濟困難，會尋求巫女作「解厄祭」（액막이 굿），希望改善運勢；有些人會在家中供奉「將軍神像」或「堂神」，配合巫女指示，進行小型供奉儀式。而請巫女問卜和做法在韓國社會是一個開放討論的話題，所以也不難在電視節目、綜藝節目邀請巫女現身或請神，節目中也會提到參加者拜巫女的經驗，引發觀眾共鳴。（推介：韓國電影《破墓》（2024 年）中有關一名安撫冤魂的薩滿女巫故事）

算命（사주）

韓國人對「命理」與「預測未來」的信仰非常深厚，算命文化幾乎滲透各年齡層，例如初生嬰兒的「胎命書」與八字，嬰兒出生後，很多家庭會請算命師排「사주팔자（四柱八字）」，不僅看命運走向，還會指導命名（起名字時要配合陰陽五行）、選擇有利的日期舉行周歲宴（돌잔치）。

另外，婚姻大事前，雙方家長會請算命師「合八字」（궁합），看兩人是否命格相合、有無剋星（沖煞）；好的話被視為良緣，壞的話甚至可能導致婚事告吹，一些人還會看命理選結婚日期、拍婚紗、搬新居等。所以在首爾弘大、

仁寺洞、建大入口、江南等地，經常可見青年排隊算塔羅、手相、八字的街頭算命攤（타로, 손금, 사주），常被視為交友或戀愛參考。

佛教 —— 靜中帶動的精神文化遺產

佛教雖然在朝鮮王朝時期因儒學打壓而式微，但在現代韓國依然是主流宗教之一，影響文化、建築、節慶與日常生活習俗。大眾常見體現寺廟參拜與「禪修體驗」（템플스테이）就是其中之一，許多韓國人無論信不信佛，仍會在煩悶、轉職、考試、感情低潮時參加寺廟禪修體驗。特別是首爾的奉恩寺（봉은사）、江原道的月精寺（월정사）等，每年吸引無數都市人前來「靜修」與祈願。

另外，韓國也有佛誕節與燈會（연등회），每年農曆四月初八是「釋迦誕辰」（부처님 오신 날），街頭寺廟掛滿蓮花燈，並舉辦華麗的「蓮燈遊行」。不僅信徒參加，一般民眾與觀光客也會參與，文化性超越宗教性。

佛教與道教：宗教融合的現代實踐

佛教與道教在韓國歷史上有着深遠的影響，並在民間信仰中融合發展。許多寺廟同時供奉佛教與道教的神祇，反映了宗教間的包容與融合。現代韓國人雖不一定嚴格遵循某一宗教，但在生活中仍會參與佛教或道教的儀式，如參拜寺廟、參加法會或進行祈福活動。這種宗教融合的現象，展現了韓國社會對多元信仰的接受與實踐。

潛藏在日常與道教有關的習俗與儒巫混合信仰中

儘管現代韓國几乎沒有明顯的道教廟宇或正規教派，道教中的理念與符籙、風水、方術等元素依然融入人們的日常與儀式生活之中。許多年長者仍會依據陰陽五行原則在選擇住所、風水格局、家居布置與祖墳安置上謹慎考量，以期為後代謀求吉運。尤其在葬禮中，尋找風水寶地被視為與後世命運緊密相關，而婚嫁擇日、命名甚至改名，也常參照五行配合時辰。「風水」不只是歷史遺留，而是在現代城鎮與鄉間依然運作的信仰體系。

在韓國，民間信仰並非過去的遺跡，而是深植於現代社會的日常生活中，從城市的高樓大廈到鄉村的田野間，無處不在。這些信仰體系，如薩滿教、山神與土地神崇拜、佛教與道教的融合，以及算命文化，構成了韓國人精神世界的重要部分。當然，韓國的天主教、基督教、新教、異教及無宗教的民間信仰與當代生活交織融合，正在現代韓國社會中持續發揮影響力。

(註：韓國的天主教、基督教等淺談將於另文簡介)

韓國農樂與韓國信仰和祭祀有甚麼關係？

韓國傳統的泛靈信仰深植於農耕文化，如前文其中提及的山神與土地神有密切關係。韓國人對自然的敬畏體現在對山神（산신）與土地神（토지신）的崇拜上。在許多山林中，仍可見到供奉山神的小廟，登山者會在此祈求安全與健康。土地神則被認為守護着土地與社區的繁榮，農民在播種與收穫時會舉行祭祀儀式，以感謝土地神的庇佑。這些信仰體現了韓國人對自然的尊重與感恩，也反映了人與自然和諧共處的理念。

韓國農樂（농악，Nongak）是韓國傳統文化中極具代表性的一種表演藝術形式，不僅是一種音樂與舞蹈的表現，更深深植根於農村社會的信仰、祭祀與社群生活之中。它的出現與發展，與韓國人的宗教觀、祭天儀式以及農村社會的集體性緊密相連。

甚麼是韓國農樂（Nongak）？

農樂起源於農村集體勞作與儀式生活，是以打擊樂器為核心的表演藝術，常見的樂器包括長鼓（장구）、小鑼（꽹과리）、大鑼（징）與圓鼓（북）。

演奏節奏激昂、充滿活力的音樂，並配合舞蹈與儀式行動。農樂表演常常在戶外進行，具有強烈的公共性和社群性，是朝鮮傳統民俗音樂的一種，大多在室外由數十人一起表演，主要包括鼓、舞蹈和演唱。又名四物戲，主要以長鼓、鑼、低音鼓、鼓演奏、故名。農樂最初源於集體農作文化，在農民作農活，鄉村聚會（婚禮）和朝鮮巫教的儀式中表演。現代的農樂已經演變成了一種藝術表現形式。韓國的韓國農樂於 2014 年列入世界非遺名錄。

農樂與信仰與祭祀的關聯

農樂的起源與發展密不可分地連接着韓國民間信仰與農業社會的祭祀活動：

祭天與祈雨儀式

在農耕社會中，天氣與農作息息相關。農民透過祭天、祈雨等儀式，祈求風調雨順。農樂常常作為這些儀式的「儀式樂」，表演時節奏高亢，舞蹈動作誇張，意在驅邪納福，與天地神靈溝通。這類活動中常見的儀式如：山神祭（산신제）、田神祭、地神祭和祈雨儀式（기우제）等，農樂在這些祭祀儀式中被視為「通靈」的橋梁，喧天鑼鼓象徵驅邪與呼喚神靈降臨。

農忙與農閒之間的過渡儀式

在播種與收穫之間，農樂也常被用來作為一種「娛樂祭」，有些帶有宗教性質，有些則偏向社交與娛樂功能。例如：收割後的酬神演出和村民自發舉辦的「풍물놀이（風物遊戲）」這些活動中，農樂表演象徵着與自然、祖先與社群的連結。其中最具代表性的就是安東農樂（Andong Nongak），往年都可以在安東國際假面舞節同遇上。

農樂中的宗教與精神象徵

農樂雖然充滿動感與節慶氣氛，但其中隱含着韓國人對於天地、祖先與社會秩序的認知。其宗教性體現在：

- **節奏象徵宇宙與四季律動：**快慢交替的鼓點與旋律象徵四時運行與生命循環。
- **表演陣形如曼陀羅：**繞圈、螺旋等隊形暗合佛教、道教的宇宙觀。

增補資料

- **服飾與顏色寓意吉祥與神聖：**如穿着白衣與五方色帶（青、赤、黃、白、黑），呼應韓國傳統五行觀。

- **2014 年，韓國農樂被聯合國教科文組織（UNESCO）登錄為「人類非物質文化遺產」**（Intangible Cultural Heritage of Humanity）。

- 代表作品包括**安東農樂（Andong Nongak）**、順天農樂（Suncheon Nongak）等。

- 農樂表演也經常出現在大型慶典，如**春川國際民俗藝術節、全州大鼓文化節**等。

參考資料來源：

1. Nongak, community band music, dance and rituals in the Republic of Korea, https://ich.unesco.org/en/RL/nongak-community-band-music-dance-and-rituals-in-the-republic-of-korea-00717
2. 韓國民俗文化百科字典 , https://folkency.nfm.go.kr/topic/detail/3503

3.1 韓國節日文化：中秋節與春節在現代社會的意義

當代韓國節日的意義早已超越單一的傳統形式。若說韓國文化是座多面體，那麼「秋夕」（Chuseok）與「春節」（Seollal）便是那鏡面上最為溫暖的一隅 —— 映照出家族、信仰、土地與世代交錯的情感密碼。雖然今天的韓國社會早已步入高度現代化。近年，秋夕與春節在現代社會的角色也產生不少變化。

秋夕（Chuseok）

來自豐收的喜悅

秋夕（추석）是韓國最具代表性的傳統節日之一，源於農耕社會對自然與祖先的敬意。時間定在農曆八月十五，正值五穀豐登之時。秋夕又稱「韓國的感恩節」，象徵着收成與分享。這天，韓國人會準備各種節日料理，如松餅（송편）、韓式煎餅（전）、新鮮水果與酒食，祭拜祖先（차례），表達對過去的感謝與祝福。

現代城市的秋夕圖景

現代社會中，即使人們已不再親手耕作，但秋夕仍是返鄉的高峰期，表現出韓國人對「根」的重視。每逢秋夕，首爾火車站與高速公路總是一票難求、車流如織。傳統的家庭儀式雖逐漸簡化，從三道祭桌變為一桌簡餐，但其象徵意義仍舊不變。不過近年相對在中秋回鄉，更多人選擇在難得的連假外遊，國內遊或到海外的機票難求，國內觀光城市的住宿也一樣情況。

秋夕如今也成了文化創意與商業的結合契機。百貨公司推出節禮盒、傳統市場舉辦節慶活動，甚至韓流明星也會在社交平台上分享「秋夕問候影片」，拉近與粉絲的距離。傳統服飾「韓服」（한복）在這時也重新流行起來，尤其受到年輕族群與外國遊客喜愛，成為拍照與文化體驗的一部分。

春節（Seollal）

歲首的祝福

春節（설날），亦即農曆正月初一，是韓國另一個核心節日。傳統上，這是家人團聚的日子，人們身着韓服，舉行「茶禮」（차례）以祭祖，並向長輩行「歲拜」（세배），換來祝福與紅包（세뱃돈）。當天的代表料理為年糕湯（떡국），象徵着跨入新歲，也意喻着「長一歲」的轉換。

現代春節的新面貌

在都市生活節奏快速的當下，春節的儀式形式也出現改變。部分年輕人選擇「春節旅行」，或與朋友聚會、進行休閒活動，取代傳統的祭祀流程。一些單身或小家庭則傾向簡化或省略祖先祭拜，只保留歲拜與共享年糕湯的儀式，將春節轉為「溫馨家聚日」。

過去春節多由女性主導料理準備與家務工作，如今則引發性別平權的公共討論。每逢節日，媒體與社群平台上常可見「節日壓力」、「媳婦疲勞」等議題。也有越來越多家庭實施「輪流過節」、甚至「只回娘家」的新風俗，體現出代際間對於傳統的再詮釋與共識的建立。

秋夕與春節，儘管在儀式上各有差異，卻共同承載着韓國社會最核心的文化符號：家庭團聚。即使今日的韓國人走向全球，生活形態趨向個人化，這兩大節日仍提供了人們一個暫時停下腳步、回望來處、重拾情感連結的機會。

節日與國際觀光的交匯點

近年來，韓國觀光公社及文化體育觀光部積極將這些傳統節日包裝為觀光亮點。在景福宮、仁寺洞、南山谷韓屋村等文化空間，每逢節慶期間便會舉辦「節日體驗活動」，讓外國觀光客穿韓服、玩傳統遊戲如投壺（투호）、放風箏（연날리기）、擲柶遊戲（윷놀이），深度參與韓國節慶氛圍。

冷知識

中秋春節送禮特色、煎餅 Meal kit 的流行

1）韓國中秋有很多送禮用禮盒，主要是生活用品，例如有洗髮護髮禮盒、海味人蔘禮盒、食油午餐肉吞拿魚禮盒、健康食品禮盒等，貴重一點會也見過韓牛禮盒、新鮮鮑魚禮盒，很有趣！

有些公司會折現，送百貨公司的 KRW100,000 商品券呢！

2）靚水果也是送禮佳品之一，秋天當造就是梨，羅州梨是佳品之一。

3）超級市場有大量製成或半製成的過節食品，可以解決家嫂的煎餅惡夢，而推出雜錦煎餅禮盒～當場見有不少年青夫婦。

4）香港中秋食月餅，韓國就是食松餅，松餅要好食，最好在傳統市場，專門有即製年糕、米糕及傳統糕點的店舖購買。

5）韓國人中秋，一家大小都會來一場烤肉 Party! 韓牛、五花肉、黑毛豬一律不可缺少！

3.2 淺談寺廟住宿

在韓國，寺廟住宿（Templestay）不僅是一種旅遊體驗，更是一場心靈的修行之旅。這項文化體驗計劃於 2002 年韓日共同舉辦世界盃足球賽期間首次推出，旨在向國際遊客展示韓國佛教的傳統與文化 。自那時起，寺廟住宿計劃迅速擴展，至今已有超過 130 座寺廟參與，提供各種基本體驗活動，如早課、108 拜、禪修、茶禪和佛教餐飲等 。這些活動讓參與者能夠深入了解韓國佛教的生活方式，並在寧靜的環境中尋找內心的平靜 。此外，許多寺廟位於自然風景優美的地區，如全羅南道的白羊寺、慶州的佛國寺等，為參與者提供了與自然和諧共處的機會；寺院遍佈不同的地區，有城市、郊區、山中等，在不同時期興建，隨着時代經歷不同的戰爭和歷史事件，所以寺廟本身包含着不只有宗教，還有不同的歷史文化故事和飲食文化故事。

全羅南道及光州有很多提供寺廟住宿的佛寺，而其中有提供英文翻譯的寺廟則有海南的美黃寺、求禮的華嚴寺、內藏山的白羊寺是在全羅南道及光州，寺廟住宿是可以用另一種形式感受全羅南道的魅力。

融合自然環境的韓國寺院體驗，透過體驗禮佛、參禪、供養、勞動、日課、夜行等，體驗韓國佛教和傳統文化；透過與僧人對話和韓國傳統茶道體驗，面對內在的自己，是另一種休息和修行，所以韓國本地人都喜歡為休息、治癒身心和個人修行，在周末來一個兩日一夜的寺院體驗。

但最常聽到的問題來了：參與寺廟住宿，是等同於「信佛教」嗎？或者，它是否早已超越宗教信仰的框架，成為現代人療癒、文化學習與自我覺察的旅程？韓國的「寺廟住宿」（템플스테이，Temple Stay）體驗，可定義為一種介於旅遊與修行之間的文化體驗方式。

寺廟住宿是甚麼？
從修行到生活體驗的演變

寺廟住宿（Temple Stay）最初源自韓國佛教界在 2002 年韓日世界杯期間，為了讓外國訪客深入了解韓國佛教與文化而推出的文化體驗項目。最初由韓國宗教文化財團（한국불교문화사업단）主導，得到文化體育觀光部支持，迄今已發展為結合文化、旅遊與精神療癒的代表性項目。根據 2023 年《韓國寺廟住宿年鑑》統計，目前全韓約有 130 多座佛教寺廟提供住宿體驗，參與者不僅限於韓國人，外國旅客、企業員工、學校團體甚至政要訪問團體都常參與其中。

最常見的體驗項目包括清晨打坐與誦經、行禪（在山林中緩慢步行）、茶禪與佛教禪語分享、製作蓮花燈或經文拓印、與僧侶對話（스님과의 차담）等，當然也按照個別寺廟的特性也稍有不同，最重要的是，這些活動並不強制參與者必須信仰佛教。

宗教信仰與文化體驗之界線

許多首次參與寺廟住宿的外國人會好奇：這樣的活動是否等同於參加宗教儀式？實際上，寺廟住宿的設計理念強調的是「體驗文化」與「回歸自我」，而非灌輸宗教思想。參與者可以選擇是否參與誦經或禮佛，也不會被要求接受佛教戒律或皈依；同樣，筆者也遇過不少有其他宗教信仰的韓國人。

根據韓國佛教最大宗派——曹溪宗（조계종）的說法，寺廟住宿強調「禪修生活」的精神價值，而非宗教信仰的強迫實踐（資料來源：Jogye Order of Korean Buddhism Official Website）。因此可以說，寺廟住宿的根源來自佛教，但實踐方式早已超越宗教邊界，更像是一種以佛教哲學為背景的文化旅程。

現代人的「心靈療癒」與寺廟住宿的對接

當現代生活充滿焦慮、過勞與數位噪音，越來越多韓國人選擇透過寺廟住宿，暫時與城市脫節。這種「短暫逃離」被稱為「週末修行」、「沉靜假期」等，特別受白領族群與大學生歡迎。韓國文化觀光研究院在 2021 年的報告指出，超過六成的寺廟住宿參與者「並無特定宗教信仰」，他們選擇參與的理由主要包括：壓力釋放與心靈平靜（71.3%）、體驗傳統文化（64.2%）和遠離數碼生活與日常干擾（48.6%）等。

佛教價值在體驗中的滲透：非強制，卻深刻

雖然寺廟住宿非宗教性強制，但其中的活動與儀式仍深植佛教精神，例如「108 拜」透過身體重複動作，引導身心合一；「行禪」讓參與者練習當下覺察，與自然共行；「茶禪」中僧侶引導以茶修心，聆聽自己內在聲音。

這些看似簡單的行動，其實潛藏着佛教「空性」、「無我」與「當下」的哲學精神。即便你不信佛教，這些體驗也能讓你感受到內在情緒的流動與沉澱，這正是寺廟住宿最大

的魅力所在。

寺廟住宿的確與佛教淵源深厚，但它並非信仰行為，而是一種文化體驗、一種心靈探索旅程。它邀請你在喧囂生活中短暫停下腳步，無需轉變宗教認同，只需帶着開放與尊重的心，走進山林，與自己對話。

參考資料來源：

- 韓國佛教文化事業團（한국불교문화사업단）官方網站：www.templestay.com
- Jogye Order of Korean Buddhism, www.jogye.or.kr
- 韓國文化體育觀光部《2022 年文化體驗報告書》
- 韓聯社新聞（Yonhap News Agency），2022 年有關寺廟住宿參與者族群報告。
- Temple Stay 參與者個人見證與網上問卷調查回饋資料（2023）

3.3 寺廟住宿——骨窟寺的禪武道

當你走進慶尚北道的慶州，山色靜謐、松林蒼翠，空氣彷彿也染上一層遠離塵囂的禪意。這裏，坐落着一座韓國最具武禪特色的佛寺——骨窟寺（골굴사 /Golgulsa）。韓國一般稱骨窟寺為韓國的少林寺，初建於 1,500 年前的佛教國家新羅首都金城（慶州）以東 20 公里。

若說韓國寺廟住宿是一場心靈療癒的旅程，那麼在骨窟寺的經歷，就是一場加強版、融合靈性與身體修鍊的修行之路。作為一位常年走訪韓國各地文化據點的作家，骨窟寺給我的感受，遠比預期更深刻。

岩石中的寺廟：骨窟寺的歷史根源

骨窟寺的名字帶着某種神秘感，其歷史可追溯至新羅時代（公元 6 世紀），是韓國現存唯一的石窟佛寺。根據《韓國佛教史》記載，骨窟寺原為印度高僧所創，這裏的天然石窟群與印度阿旃陀石窟相似。岩壁上精緻的佛像與浮雕，至今仍清晰可見，見證佛教東傳過程的歷史軌跡。

不僅如此，骨窟寺也是韓國「禪武道」的發源地。它融合佛教禪修與韓國傳統武術「禪武道」（선무도），形成獨樹一幟的修行體系。

「修心與修身不可分離。」這句禪語，在這裏有了最具體的體現。

寺廟住宿體驗：從誦經到禪武道

我的寺廟住宿始於午後，抵達時正逢夕陽映照岩壁佛像，霞光中的骨窟寺靜謐莊嚴。接待的僧侶簡單說明住宿流程後，我們被帶往山腰的修行堂。與一般寺廟住宿不同，骨窟寺的行程設計有着濃厚的「動禪」色彩。

每日流程包含：

· 清晨禪修與誦經：四點半起床，隨僧人一起於佛堂誦經，配合 108 拜。

· 行禪與山路步行：在山林間緩慢步行，呼吸吐納，專注當下。

· 禪武道課程：由專業禪武道師父帶領，包括瑜伽式暖身、基本步伐、與呼吸訓練。

· 茶禪與僧侶對話：與僧侶圍坐喝茶，分享生活，交流禪修心得。

這樣的流程不單是流汗的體能挑戰，更是心靈煉淨之旅。

禪武道是佛教嗎？
信仰與修行之間的距離

按骨窟寺對禪武道的記載，禪武道佛教金剛靈官禪武道與中國隋朝天台智顗大師的指冠修行法一脈相承，稱爲佛教金剛靈官禪武道，屬繼承佛祖慧脈的韓國佛教傳統修行法。禪武道作爲醒悟的實踐手段，也包括我們熟悉的瑜伽或冥想相結合的觀法執行方式。

所以乍聽之下像是一種武術，但其根基其實來自佛教的「止觀修行」思想。透過身體的有序動作，導引內心平靜、覺察呼吸與動作，每一步都如同坐禪，只是轉化為流動的形式。

根據骨窟寺記載，禪武道早在新羅時期即在佛教僧侶中流行，後因儒家抬頭而逐漸消失。至 20 世紀 70 年代，重新整理出現代化體系，並在骨窟寺復興傳承。然而，參與禪武道課程，並不意味着你必須信仰佛教。

文化旅遊與身心療癒的結合

骨窟寺的寺廟住宿吸引的參與者類型極為多元：大學生、瑜伽老師、企業高層、心理治療師……他們來自不同背景，卻因為同樣的理由來到這裏 —— 尋找安靜。

韓國觀光公社（KTO）曾於 2022 年發表報告指出，「融合文化與療癒功能的體驗型旅遊」成為近年韓國旅遊新趨勢，其中骨窟寺因其特殊性在國際間受到關注，連《Lonely Planet》都曾推薦為「最值得體驗的韓國寺廟住宿之一」。

骨窟寺更與韓國幾所大學合作，開設短期「禪武道修行營」，吸引國際青年參與，也舉辦「禪武道國際節」，使這項文化資產不僅侷限於宗教修行，更成為跨文化交流的媒介。

修行不只是信仰，
而是面對生活的態度

寺廟住宿或許源自佛教，禪武道或許蘊含宗教哲學，但最終，它們的價值在於是否能讓我們活得更覺知、更自在。骨窟寺不是一處宗教招喚的場所，而是一座敞開的靜心之門——邀請你走入自然，走進自己，也許沒有答案，但能找到與世界和解的一種方式。

參考資料來源：

- 韓國佛教文化事業團官方網站：https://www.templestay.com
- 骨窟寺禪武道學院官方資料：http://www.golgulsa.com
- 《韓國佛教與武術文化史研究》，韓國宗教學會，2018。
- 韓國觀光公社（KTO）2022 年《體驗型文化旅遊趨勢分析報告》
- Seonmudo: Moving Meditation from Korea – Asia Society Korea, 2021

3.4 白羊寺的寺廟住宿

白羊寺（Baegyangsa），矗立於白岩山，是韓國最具代表性的禪修寺廟之一。這座寺廟是佛教信仰的象徵，更是自然、心靈與人文的交匯點。白羊寺的另一個獨特文化財產，就是白羊寺庵主師太正寬法師，在 Netflix 紀錄片《主廚的餐桌》裏，她將韓國寺廟飲食介紹給全世界，她製作的素菜被紐約時報評價為超越米其林三星的美食；而她對大自然哲學、食材運用、生活哲學、寺廟飲食烹飪技術等的知識，都會不定期包括在白羊寺特備寺院住宿行程中。白羊寺的寺廟住宿經歷，不僅僅是一場身心的修行之旅，更是一段深入探索韓國傳統文化、禪修生活與山水自然的難忘經歷。

白羊寺的歷史與文化背景

在全羅南道位於內藏山白羊寺，白羊寺是韓國影響力最大的宗派曹溪宗的五大叢林之一，供奉的本尊是阿彌陀如來。在百濟時期 632 年，白羊寺由百濟僧人如幻建立；至朝鮮時期在排佛政策之下，多家寺院都沒法留下，而幸好白羊寺屬批准可保留的三十六間寺院之一，經歷了成為廢寺、復興、火災、重建，直到 1917 年由宋曼岩禪師和裴鶴山禪師再次重修。

白羊寺後方是石灰岩白色山脈，左右兩旁溪水潺潺，環境十分幽靜，隨四季的變化，展現不同的風情。從入口沿着林木步行道進入白羊寺，會先看到白羊寺雙溪樓，倚山傍水的倒影與雙溪樓和紅葉的景觀，是白羊寺的標誌；地方文化財產的大雄殿、極樂殿、天王門都保存在白羊寺內。此外，寺內都會有一些茶亭和當地當造農產品和藥材，筆者每一次到不同的寺院，都喜歡細看當地當造的農產品和藥材，因為這是第一身最接近當地飲食文化的方式之一，在白羊寺，有各種當歸藥材、當歸茶、手工梅實、生曬柿子乾、生鐵鍋烤米年糕、生薑茶等等。

寺廟住宿兩天一夜體驗——身心修行的靜謐之地

報到登記隨即分配好男女生宿舍和大家換上衣服後，帶領我們的兩名職員（其中一名懂英文）與我們簡單自我介紹，便簡介行程安排、教導我們做早課和 108 拜時的姿勢及各樣寺廟的禮儀和注意事項等。

行遍各個佛寺及寺內各地方，傍晚簡單晚飯，寺內都稱為供養，接着就來到晚上的一個課堂，部分寺院會按實際情況安排，例如有 108 拜的實踐、製作蓮花燈、四大法物體驗和與法師的茶談等活動等，在串上 108 顆佛珠（蘊含着轉動念珠來消除 108 種煩惱的意義），就是讓大家專注當下，約一個多小時後，大家都默默地完成了。寺院保留有不少文化遺址，同時在森林溪谷之中，所以寺院周邊的散策和探訪韓國傳統文化文化遺產都是重點行程之一。我們在沒有太多燈光的寺院內漫步半小時，抬頭望到滿天星星，很安靜，很美！

第一天的行程在約晚上九點完成後回到宿舍，洗澡後休息。翌日凌晨三時起床集合，在天還未亮的時候，大家跟着老師散步和到大殿，準備一同參與佛寺的早課，每天都會有不同的僧人和修佛學生主理早課，風雨不改，我們都只同眼觀察、用耳細聽，感受和跟着做。早課後，享用簡單的朝食，就再次集合，在樓閣之間散步後，就開始打掃寺內的落葉，也稱為「運力」，是指停留在寺院的人們一起小勞動，這是沿於一句古話一「一日不作，一日不食」。

在整個寺廟體驗的最後一個環節，就是「茶道一與僧人對話」，如果選擇有英文翻譯的寺院，外國朋友不用擔心對答問題，因為都會有工作人員協助，當然你也可以用韓語與僧人交流。

在對談中的內容很豐富，有關佛學的、人生煩惱的、世界大小事的，而我大部分時間都是聆聽和觀察。

後記

筆者曾參與過好幾次韓國寺廟住宿體驗，而這一次選點白羊寺，主要是被寺院飲食、秋景和建築吸引；回到香港，在不同的講座分享過這幾次寺廟住宿的經驗，我認為是值得一試，寺廟住宿體驗推廣本身也不是集中在宗教或佛學上的推廣，還有人的身心健康與自省時間，所以沒有宗教信仰的我，與一些有其他宗教信仰的參加者，都在一個無負擔的心情下體驗了靜心的兩天一夜。我相信人是需要時間和空間去思考和了解自己，敞開心去學習、了解、聆聽和觀察，是一個不錯的經驗！而現時除了白羊寺之外，也有不同地區、不同佛寺和不同內容的寺廟住宿體驗或一日寺廟體驗，有興趣了解更多的可參閱以下的網頁。

韓國寺廟體驗：https://www.templestay.com/

* 個人預先準備：寺廟會提供一件背心及一條褲子，建議穿着運動鞋，預備個人清潔用品及防蚊、防曬、更換衣服、襪子、小型手電筒等。

茶禪共修——與僧侶的交流

在白羊寺的住宿過程中，茶禪共修是一個獨特的活動。僧侶們通常會為參與者準備一壺精心泡製的茶水，並與他們共同品味。這不僅僅是喝茶，更是一種禪的體驗。透過茶的溫度、氣味和味道，來感受當下的安靜與清澈。與僧侶的交流，以平常心當作普通交流便可。

寺廟住宿與韓國文化的深度連結

韓國的寺廟住宿不僅是簡單的住宿活動，它深深根植於韓國的文化與歷史傳承中。對於白羊寺來說，寺廟住宿無疑是與佛教、自然、傳統和現代生活交織在一起的重要方式。韓國的許多寺廟，都位於山林之間。這些寺廟往往選擇隱匿於深山或是近水之處，這不僅是為了修行的寧靜，更是與大自然相融合的體現。白羊寺的寺廟住宿，正是建立在這種自然和文化的互動上。這裏的山、樹、溪流與寺廟融為一體，參與者的身心感受不僅來自於禪修本身，還來自大自然的療癒力量。

雖然白羊寺自新羅時期便開始歷史傳承，但在現代，寺廟住宿作為一種文化體驗，也被重新詮釋為一種心靈療癒的旅遊方式。它不僅吸引來自世界各地的信徒，也吸引了許多渴望尋求內心平靜的旅客。這樣的文化與現代社會需求的結合，讓寺廟住宿成為一個既能保留傳統又能適應現代生活。

寺廟素菜好吃嗎？

韓國寺廟飲食是全素食方式，不食肉類，也去除妨礙修行的五辛菜，這種飲食文化以佛寺為中心，隨着佛教一千七百多年的歷史持續發展。寺院飲食以植物性食材透過各科搭配，烹調，加工的方法，研發創造出令人驚嘆的美味，寺院飲食是神奇的健康飲食，從豆類攝取優質蛋白質，多種植物性油獲得不飽和脂肪酸，以及各種蔬菜中所含豐富的維他命，無機質，纖維素，藥性成分等。

寺院飲食只使用昆布，香菇，胡麻，生豆粉等做成的天然調料，也有各式各樣的自製醃漬食品和天然的調味醬油等，不但維持營養均衡，也調出清淡可口的大自然味道。自行栽種或摘取山寺間邊茂盛生長的植物作為食材，烹調方法更將植物所具有的藥效發揮至最大作用。寺院飲食所採用的藥用植物，滋養修行者的身體，也有預防和治療的功能。不浪費和惜食也是寺院飲食的飲食哲學，在一泊二食的寺廟住宿體驗會有更深的感受。

增補資料

甚麼是寺院寄宿（Templestay）？

在韓國的傳統寺院內，體驗寺刹的日常生活與韓國佛教的修行精神，體驗修行者寧靜的日常起居，以及韓國佛教文化與傳統文化的活動。

兩日一夜基本體驗項目

寺院寄宿課程依各個寺院多少有些不同，但大體都有誦讀佛教經典以端正佛教禮儀的禮佛、集中精神冥想的參禪、鍛鍊身體與心靈的佛教式修行法 108 拜等課程，還可以體驗寺院飲食一鉢盂供養和茶道。

Day 1

14:00~14:30	到達集合
14:30~14:45	登記及換衣服（在宿舍）
14:45~15:45	簡介、自我介紹、講解寺廟禮儀及規則
15:45~17:30	寺廟 Temple Tour
17:40~18:15	晚餐（供養）及小休
18:20~18:50	四大法物體驗
18:50~20:00	108 拜（邊造 108 粒佛珠）或製作蓮花燈
20:00~20:20	夜間漫步
20:20~05:00	休息（在宿舍）

Day 2

05:00~05:30	前往佛寺（在宿舍）
05:30~06:10	早餐（供養）
06:10~08:30	漫步 、勞動及小休
08:30~09:30	茶道一與僧人對話
09:30~10:00	填寫意見

所有項目會因應天氣及情況而有改動安排

址：長城郡北下面白羊路 1239
(장성군 북하면 백양로 1239)
電：(061)392-7502
白羊寺寄宿電話：(061392-0434
白羊寺寺院寄宿：http://baekyangsa.templestay.com

第4章

韓國文學與空間

한국문학과 공간

4.0 淺談韓國文學

在此我也分享一小段經歷。在研習期間，曾有機會接觸有關韓國文學和香港文學研究概論的課題，第一次接觸到韓國學概論，以韓國文學欣賞視覺看韓國歷史發展的脈絡和韓國文學及藝術；通過韓國文學空間 (複合空間) 和文學翻譯出版了解，對文學初哥來說，也是一個打開此小章節的方式。

韓國文學作為表達韓民族經驗的重要載體，歷經從古代到當代的豐富演變，不僅承載歷史與情感，也折射出社會變遷。早期文學形式可見於口耳相傳的神話與民間故事，而隨着漢字書寫與後來訓民正音（韓文）的出現，韓國逐漸發展出多樣的文學體系。即便是使用漢字創作，只要內容聚焦於韓國人的思想與文化感受，仍被視為韓國文學的一環。有不少研究者認為，現代韓國文學始於 1917 年李光洙的小說《無情》，此作品受到西方小說形式的啟發，標誌着韓國從傳統向現代敘事邁進。隨後在日佔時期，文學成為民族身份與抵抗的工具，作品多與揭示社會壓迫有關。韓戰之後，韓國文學進入反思與重建階段，多數描繪戰爭陰影與社會矛盾。到了 1980 年代，社會變革與民主運動促使更多類別的文學出現。

進入 21 世紀後，韓國文學逐步走向國際；韓江的《素食

者》（The Vegetarian）於 2016 年獲得英國曼布克國際文學獎 (Man Booker International Prize)，讓全球讀者關注到韓國小說的深沉敘事與哲學思考。直到 2024 年，韓江榮獲諾貝爾文學獎，成爲獲得諾貝爾獎的第一位韓國作家和第一位亞洲女性作家。今年，第一次到訪位於「書店今天」（책방오늘）買下第一本《少年來了》的英譯本。

通過入門韓國文學、探訪了解韓國文學空間、了解韓國文學機構如 LTI Korea 與 ARKO，以韓國文化輸出與藝術家支援制度如何支援韓國作家、文學翻譯教育和文學藝術創作與欣賞教育。

從翻譯作品開始一我的入門書單分享

• 韓江 Han Kang

《素食者》、《白色的》、《少年來了》

• 趙南柱 Cho Nam-joo

《82 年生的金智英》

• 金英夏 Kim Young-ha

《我殺了他》、《你的身體屬於誰》、短篇小說集 (中文版)

參考資料來源：

韓國文學翻譯院（LTI Korea）官方網站 https://www.ltikorea.or.kr

EncyKorea (한국민족문화대백과사전) https://encykorea.aks.ac.kr

4.1 韓國文學的一個里程碑——2024

韓江的成功也代表着韓國文學正式從「民族語境」走向「世界對話」，與英國翻譯家黛博拉・史密斯（Deborah Smith）合作，將其作品成功譯介至英語世界。而這一個國際突破關鍵，除了作品本身優秀之外，也見韓國文化藝術機關對文化藝術普及發展、持續培養和支援等持續可發展性的重要。

ARKO 對文化藝術普及發展支援的重要

現時韓國文學與文化機構正支持文學及文化藝術普及發展，主要有韓國文化藝術委員會（ARKO）與韓國文學翻譯院（LTI Korea），提供的各種支援，包括創作資助、海外駐留機會、翻譯計劃與國際推廣等。

LTI Korea（韓國文學翻譯院）：推動翻譯、出版、駐留作家計劃。

ARKO（韓國文化藝術委員會）：提供創作支援與全球推廣計劃，尤其對年輕作家與翻譯網絡的建構至關重要。

以韓江作家為例，她是韓國文化藝術委員會（ARKO, Arts Council Korea）分階段資助計劃的典型成功案例之一，這也成為韓國文化輸出與藝術家支持制度的重要案例，反映了韓國在文學國際化方面的長期投入與政策佈局。

從地方走向世界，韓國文學不是偶然

在韓江作家得獎消息公布的幾天後，剛好因工作參與了香港藝術發展局在 2024 年 10 月 14 至 15 日舉辦了第五屆國際文化領袖圓桌交流會，聽過來自九個國家和地區的藝文領袖，分享過去如何克服產業挑戰的經驗，其中韓國文化藝術委員會主席鄭炳國博士在會上也有提及這個得來不易的過程。參與研討會的其中一人發問，令我印象深刻，他問到：文學藝術政策的實行和培養，需要漫長而大量不間斷的投入，在未有顯著的成果出現之前，如何平衡各方和堅持相信制度是有效的？(只記錄問題大意)。而鄭博士以作家韓江為例子的一段回應，正好回應了韓國文學走向世界的不易。

「幾天前，我們國家的作家韓江獲得了諾貝爾文學獎。過去，許多韓國作家雖多次入圍，但韓江作家是第一位獲此殊榮的韓國作家。

韓江作家的成功並非偶然，她曾在不同階段獲得韓國文化藝術委員會的資助。在她還是大學生、作為準藝術家時，便參加了藝術家海外駐留支援項目，並獲得支助，得以在國外駐留三個月，進行創作與交流。之後，她參加了「青年飛躍計劃」，再次獲得支持。我們也曾持續協助她的作品走向國際，這些努力最終獲得認可，成為她海外發展的重要基礎。

記得後來，韓江曾參與了第二次的海外駐留支援計畫。當時，許多韓國作家難以在國際舞台上取得成功，其中最大的障礙之一就是翻譯問題。在 2011 年創設了專門的翻譯機關，正是在參與第二次駐留支援期間，韓江曾遇到了一位翻譯家，兩人展開合作，促成了這次非凡的成就。

此前，不少人曾質疑這些制度的成效，而如今韓江曾的成就是一個強而有力的回應。對那些長期相信並支持韓國文化藝術委員會制度的人而言，這無疑是一個令人振奮、甚至震撼的成果。」

（文中提及支援計畫名稱為意譯，計劃名稱有機會因年代以久而有更新）

「韓江只是開始。」這句話在韓國文學圈廣為流傳。透過穩定的文學資助制度、翻譯培育體系與文化外交手段，韓國正在構築一條屬於亞洲的新文學通道。也讓外界重新認識 ARKO 的制度價值與韓國對文化輸出的戰略遠見。

參考資料來源：

1. [K-Literature Writers] Interview with Novelist Han Kang 作家與翻譯家訪談 https://www.youtube.com/watch?v=-rFKfCcH_Kk
2. Arts Council Korea (ARKO) 駐留計畫、青年藝術家資助及年報 https://www.arko.or.kr
3. LTI Korea 翻譯人才計劃、出版補助資訊及年報 https://www.ltikorea.or.kr
4. 有關文藝基金枯竭危機報導 https://www.hankyung.com/article/202411228672

增補資料

韓國文學翻譯體系的建立與 LTI Korea 的角色

2001 年，韓國文化體育觀光部成立了韓國文學翻譯院（LTI Korea），此機構專門致力於將韓國語言與文學引介到國際舞台。透過持續努力，讓韓國文學正逐步建立起一條穩固的國際化道路。`

1. LTI Korea 的核心工作涵蓋譯者培訓、譯本出版支援與國際活動策劃。例如，他們開設了「文學翻譯學院」，協助培養外籍譯者理解韓語語境及文化背景，並透過補助機制，支持多語種（如英、法、中、日）間的文學翻譯。

2. 為推動韓國作家的國際曝光，LTI Korea 每年與全球出版機構合作，推薦重點作家與作品發行海外版本，如與 Penguin Random House 合作出版韓江的小說。韓江的代表作《素食者》便由英國譯者黛博拉・史密斯翻譯，在 2016 年獲得國際布克獎（The International Booker Prize），此合作正是韓國翻譯訓練與支援制度成功的實例（資料來源：The Booker Prizes, 2016）。

3. 韓國政府近年也積極將「韓流」文化整合進文學領域。像是在熱門韓劇中穿插小說改編橋段，或推出小說的有聲書版本，使更多人透過多平台接觸韓國文學。再者，韓國文學研究機構亦積極策劃以主題導向的出版項目，每年選定如女性主義、移民議題等社會議題，進行相關作品的國際推廣。

4. 韓國文學的全球化仍面臨不少挑戰，包括語言文化隔閡難以精準轉譯、翻譯人才培養成本高昂，以及市場上對知名作家過度依賴而產生的「明星效應」。

參考資料來源：

LTI Korea 及 ARKO 年報

4.2 書店文化複合空間

韓國文學風的旅程——首爾特色書店空間

在韓國快速發展的現代都市面貌中，仍有一條條文化脈絡潛藏於城市角落。近年來，韓國文學不僅在國際舞台上嶄露頭角，更延伸出許多具有歷史與美學價值的閱讀空間與書店，成為首爾市中心另一種深度旅遊的方式。四月初春，造訪了幾處散落在首爾市中心的文學空間——從百年皇宮裏的御用書齋，到寧靜巷弄中的獨立書店，每一處都藏着韓國文學的靈魂碎片和以現代方式分享韓國文學的氣息，以下是 3 個值得一探的韓國文學與文化空間，不僅適合對書籍與歷史有熱情的旅人，也適合想沉澱心靈的城市漫遊者。

保安旅館——文字與藝術的轉生空間

景福宮迎秋門離開，向西村方向步行數分鐘，就來到西村的通義洞保安旅館（보안여관），一棟看似不起眼的兩層老建築。這裏原是 1950 年代的旅館，曾是韓國近代文學的主要據點之一。為了保育這有價值的文化遺產，2007 年開始作爲藝術空間運營，讓人們可以感受 1936 年建設的古老木質建築；如今蛻變為結合書店、藝廊與咖啡館的複合文化空間。在 2017 年，爲了展示和讓人正式享受文化，創作者重新開設了「保安寄宿」，也包括咖啡廳（café BOAN）、書店（保安書店）、展示空間（保安 1942）在內的綜合文化藝術空間，是首爾少見保留原始風貌的創意場所。保安旅館的構造特殊，既有完整保留老建築原貌的舊保安旅館，也有新建的保安 1942 建築，兩棟建築以通道相連。舊保安旅館用於藝廊，參觀一樓和二樓的各式展覽，全年免費。保安旅館二樓建有通往旁邊建築的通道，

址：首爾鐘路區孝子路 33 號保安 1942 新館 1 樓
時：書店 11:00~19:00、咖啡廳 08:00~19:00
休：週一（實際公休以官方社交媒體公告為準）
書店網址：https://www.instagram.com/boanbooks/
交：地鐵 3 號線景福宮站 5 號出口，步行 10 分鐘

連接通道即可到達保安 1942。這裏一樓是咖啡廳 café BOAN，二樓是書店 Boan Book，三樓和四樓則是夢齋 Boan Stay。

老建築原貌的舊保安旅館牆面斑駁，地板輕輕踩踏時仍會吱呀作響，粗糙質地，保留原始風貌的創意場所是首爾少見。在保安旅館的構造特殊展出，與年代文學真實而不完美的本質。經二樓通往旁邊建築的通道到達書店，店內藏書不多，但選書極具個性，集中在藝術、文化評論與韓國現代文學，不時有店長的選書主題展出，書櫃之間穿插着藝術家的裝置作品，有時還會舉辦小型詩人朗誦會或主題策展。

景福宮王室御用圖書館集玉齋

集玉齋位於景福宮乾清宮西側的殿閣，曾是昌德宮的別館，於 1891 年遷移至景福宮的（北面的盡頭）是朝鮮王朝王室的御用圖書館。成為昌德宮的附屬書房御用藏書之外，也是接見外賓的場所。歷史上，它藏有超過四萬冊來自清朝的西洋書籍，因此成為高宗吸納外界新知的重要據點。

自 2006 年起對公眾開放，並於 2016 年重新裝修為參考圖書館供市民使用（書籍只供閱讀，並不外借）。每年 4 月至 10 月開放予公眾參觀，2025 年已於 4 月 2 日正式開放。

這棟建築兼容中西風格：青瓦與紅漆柱交織出典雅色調，磚石牆身與中國式飛簷融為特色；內部則以現代書架與閱讀空間妥善規劃。相鄰的兩座結構——西側的八角樓「八隅亭」與東側的傳統建築「協吉堂」一由走廊連通，共同為訪客提供閱讀與歇息區 。一進門，我便聞到一股古書與木材的氣味，通過走廊到八隅亭休息，到訪的遊人有不少穿着傳統韓服，一秒穿越回到朝鮮時期的錯覺。

書架上的典籍排列整齊，有朝鮮王朝時代的醫書、儒學文獻、韓國文學的翻譯本及古籍文獻等。身處書室之中，可以體驗一下在皇室書室之中閱讀的寧靜感。在集玉齋的中央，正在展示以「王之日常」主題、圖文並茂的小圖書展，就算不懂韓語，也可以看插圖了解以圖書展示的王室日常，有不少場面都常見卡韓國歷史韓劇的場口，非常有趣。

址：首爾鐘路區社稷路 161
時：4 月至 10 月（7-8 月不開放），週三至一 10:00~16:00
休：週二
開放時間：
費：景福宮門票成人 KRW3,000、小童 KRW2,000
（穿韓服可以免費入場）
交：地鐵 3 號線景福宮站 5 號出口，步行 24 分鐘

德壽宮惇德殿 — 帝國外交與文學

走到離景福宮不遠的德壽宮，惇德殿（돈덕전）。惇德殿是大韓帝國時期的重要外交空間，如今則重新定位為文物展示、影像放映與文學活動的文化空間。在 2023 年 9 月才首次向大眾開放，建議連國立現代美術館德壽宮館同日觀覽。

惇德殿是大韓帝國時期，高宗（1863 年 -1907 年在位）為慶祝即位 40 周年而建，後也作外交場所及迎賓館使用，是位於德壽宮石造殿後方的一座兩層西洋式建築。據悉，惇德殿在進入 20 世紀 20 年代以後幾乎沒有再被使用過，隨着宮殿群的縮減與殖民統治強化，其功能逐漸中斷，最終遭到拆除。自 2017 年展開考古調查後，官方於 2018 年啟動了復建工程；重建後的外觀以紅磚牆配青色窗框，搭配象徵皇室的李花花紋與尖頂欄杆，傳達出兼具西式氣派與皇宮尊榮風格的設計。

走進惇德殿一樓，是展示外交史的常設展覽，清晰紀錄了大韓帝國試圖在帝國主義浪潮中站穩腳步的種種努力。二樓則設有小型圖書室與文學活動空間，展出韓國近現代作家在時代壓迫下書寫歷史，包括從日治時代的抗日詩人，到現代社會中的女性書寫者，在此可一覽大韓帝國外交歷史的相關文物，也有常設展覽和特備展覽等。

德壽宮特色看點

德壽宮內外都是欣賞秋天景色，而德壽宮是韓國唯一一個融合西洋建築的宮殿，這與它的歷史有關，因為它可說是大韓帝國的最後一個宮殿。德壽宮內是市內賞楓最佳地點之一，連同宮外的德壽宮石牆路也是賞楓賞銀杏的好去處。德壽宮王宮守門將換崗儀式時間：早上 11:00~11:30、下午 14:00~14:30、15:30~16:00

4.3 K-Tech 體驗韓國文學

以澗松美術館（大邱）為例

近年非常流行數位媒體藝術展覽，利用融合科技與藝術，結合沉浸式體驗、互動裝置、AI 與 AR 技術，讓參觀者成為展覽的一部分，以新穎方式欣賞文學、美術及傳統文化項目，變得有趣和增加分享性。如 TEAMLAB、L'atelier、ARTE M 等的沉浸式數位媒體藝術展覽如雨後春筍，但是以韓國傳統藝術為素材所舉辦的韓式數位媒體藝術展覽可算是世界首創，預計將會是韓國傳統藝術及文學借助融合科技成為未來韓國傳統藝術 IP 發展的新方向。

韓國傳統藝術 IP 發展的新方向

2024 年年末，在首爾 DDP 參觀了以 K Tech X 韓國傳統美術為主題的展覽，是國寶級澗松美術館的首次嘗試，以數字媒體藝術型式展出《雲開月明，風吹星輝》(於 2024 年 8 月 15 日至 2025 年 4 月 30 日在首爾 DDP 舉行)。展覽名稱取自韓國古詩，象徵雲霧散去後的明月與風吹過後閃耀的星辰，寓意透過科技讓傳統藝術煥發新光。展覽共設有八個展區，八大展區的沉浸式體驗，將澗松美術館珍藏的國寶與寶物，如《訓民正音解例本》、《美人圖》等，透過數字媒體藝術形式呈現。觀眾可在互動裝置中體驗韓國傳統美術的魅力，感受古代藝術與現代科技的融合。

展覽成功地將韓國傳統藝術與現代科技結合，創造出獨特的沉浸式體驗。無論是對韓國文化感興趣的外國旅客，還是本地居民，都能在此感受到傳統藝術的新生命力。這次展覽不僅是對澗松美術館收藏的展示，更是一次文化與科技交融的創新嘗試，為觀眾提供了全新的藝術體驗；同時打破了傳統文學欣賞方向的故有框框和遠離感。

前往澗松美術館（大邱）

澗松的精神，從古籍走向元宇宙，澗松美術館大邱館也成為了理解韓國文學內核的另類入口。澗松全鎣弼先生（1906–1962），是近代韓國最具代表性的收藏家與民族文化守護者。他在日據時代不畏艱險搜集韓國文物，保住了如《訓民正音解例本》等文化瑰寶。

大邱澗松美術館於 2024 年 9 月 3 日（周二）正式開館，總建築面積爲 8003 平方米，包括地下 1 層設有展覽廳（2 處）和水景空間（戶外）、1 樓設有展覽廳（4 處）、可視修複室、澗松藝術商店、禮堂和休息設施、2 樓設有售票處、檔案館（圖書資料室）、教室和樸石庭院（戶外）等。美術館主要介紹澗松全鎣弼先生以文化報國精神所收集的文化遺產及其價值，並將與未來世代共同探討與我們文化和傳統相關的當代話題，超越地域和世代的界限。

常設空間一年三展，以書畫、陶藝爲中心，陸續推出佛像、典籍、木版等澗松藏品。豐富多彩的澗松藏品分領域、分時代、分流派展出，爲觀衆提供了有趣有益的欣賞機會。

其中一個主題吸引了目光，就是《訓民正音解例本：用聲音建造的房子》(훈민정음 해례본 : 소리로 지은 집)，這次

展覽就以一起重讀《訓民正音》解例本出發，收集了朗誦《訓民正音》解例本的聲音和有關韓文的故事。世宗爲了不懂漢字的百姓，以任何人都能輕易使用的發音結構和天地自然原理爲基礎，完成了簡單的文字體系訓民正音，並將原理整理成《訓民正音》解例本展現。

另一個不容錯過的展覽，就是 Immersive Digital Art Exhibition – The Flow (展期至 12 月 31 日)，一處大型半圓形數位屏幕，搭配四季變化或朝鮮繪畫主題古作，觀眾可於人工打造的假山座席中觀賞，形成聲畫共融的動態觀展體驗，欣賞最能代表朝鮮藝術場景的藝術家們優雅的筆觸和一天中天氣變化時生活和自然的各個方面。

這就是 K-Tech 介入的魔法：讓語言障礙不再是文學的牆，而是可被解碼的門。

它不只保存古籍，也積極創造新的、互動式的詮釋方式。在這個數位 (數碼) 世代，利用多語交互平台、AI 劇場與實景再現，讓非韓語使用者也能透過影像、聲音與觸感「閱讀」韓國文學、而科技讓文學不再被封存在書架與圖書館，而是重新走入我們的生活之中再分享。

文學與科技，看似相悖，實則共生。前者是靈魂的軌跡，後者是形式的延展。透過 K-Tech，把文學以另一種方式展示。

增補資料

大邱澗松美術館

地址：大邱廣域市壽城區美術館路 70 대구광역시 수성구 미술관로 70

參觀時間（室內）

夏季（4 月 ~10 月）：上午 10 點 ~ 下午 7 點

冬季（11 月 ~3 月）：上午 10 點 ~ 下午 6 點

* 售票時間：參觀開始 30 分鐘前 ~ 參觀結束 1 小時前

* 戶外空間出入限制：下午 10:00 ~ 第二天上午 08:00

閉館日

每週一、每年 1 月 1 日、農曆新年及中秋節當天、其他市場規定的休館日

星期一是公休日時，星期一當天開館後第二天平日休館。

增補資料

回顧筆者的觀覽手記（圖文集 IG@hgk.by.haewon）

1. [訓民正音] 解例本：開啟平等宇宙的 [訓民正音] 解例本。
2. [海嶽全身帖 , 觀公名勝帖] 捕捉金剛山和關東地區的壯麗風光。
3. [美人圖] 以其瞬間的魅惑，捕捉了短暫卻永恆的美麗。
4. [蕙園全身帖] 超越時空的蕙園世界。
5. [癸未銘金銅三尊佛像] 照亮覺悟的光與時間。
6. [金剛內山] 謙齋以筆觸描繪出金剛山的光與時間交織的壯麗景象 , [三清帖] 傳遞希望與慰藉的三清帖。
7. [澗松圖像檔案館] 穿越時間的長河，過去的寶物以現代語言在此重新誕生的魔法空間。
8. [秋史 金正喜] 正喜的作品世界在展覽中得到了生動展現，他的秋史體筆法充滿了動感與生命力，呈現出獨一無二的藝術風采。

第5章

韓國語言與社會

한국어와 사회

5.0 韓國語言與社會

語言，是一面映照社會的鏡子

我曾在首爾地鐵車廂裏，聽到一位年輕人講電話時用極柔和的語調說着「죄송합니다（對不起）」、「감사합니다（謝謝）」。然而，當他掛掉電話，與朋友聊天時，語氣忽然變得輕鬆甚至略帶粗俗。這樣的語言切換，在韓國社會中並不罕見。韓語不僅是一種語言，它更是社會結構、價值觀與人際關係的寫照。

語言是社會最細緻的文化神經。對香港人來說，韓語最顯著的特點莫過於「敬語體系」；但對韓國人而言，韓語早已內化為生活方式的一部分。自己與對方年齡相差多少？第一次見面嗎？對方是否為長輩、上司、老師？這些因素會決定該用哪種語氣表達同一句話。

韓國社會自古強調儒家倫理，語言也因應社會階級而發展出複雜的敬語系統，從基本的語尾變化（例如합니다體、해요體、해體），到動詞變化、名詞尊稱、稱呼語與接待語的使用，都反映出說話者與聽話者之間的關係、禮儀與

心理距離。語言並非單純的溝通工具，而是日常中一場場社會行為的延伸。

當代的韓國語言面貌，不再僅僅受傳統影響。近二十年來，隨着網絡社群興起、女性意識提升、年輕世代對上下級文化的挑戰，語言亦隨之產生變化。「MZ 世代」（Millennials 與 Gen Z）逐漸模糊了敬語與平語的界線，用更直白、平等的方式對話，甚至創造出大量新造詞與諷刺語言，反映了現代韓國人對社會現象的觀察與情緒。

韓語的誕生至今一路遇上不少時代的困難。在日治時期，韓語遭受壓制，被迫接受日語教育，讓語言成為抗爭的象徵。戰後，韓語的正字法逐漸標準化，形成了以「首爾標準語」為正統的語言觀。然而，這也引發對地方方言（사투리）的邊緣化討論，如慶尚道、全羅道與濟州島方言隱藏的階級差異。直至近年，地方方言變成地方文化的個性標誌，似是帶來了新發展空間。

走在韓國街頭，你會看到韓文夾雜着英文、漢字縮略語，甚至是阿拉伯數字。例如「1+1 행사」（買一送一活動）、「SNS 공유」（社群媒體分享）等語句。語言早已全球化、商業化，這些混合語言現象不僅是時代潮流，更折射出韓國人靈活的文化應對方式。另一方面，語言亦成為韓國社會對外交流的媒介。從韓劇到 K-pop，從韓國電影到網紅

直播，韓語早已走出半島，成為全球語言學習的新寵。韓國政府於 2007 年起設立「世宗學堂」（세종학당），在世界各地推廣韓語教育。到 2023 年，已有超過 244 所分校遍佈全球 76 個國家（資料來源：세종학당재단）。

理解韓國語言，就是理解韓國社會裏那一套無聲的行動準則與文化密碼。學習韓語，不只是學習說話，更是學習如何與這片土地對話。在接下來的幾章，我將帶你逐步探討韓語與韓國社會的種種聯繫。

參考資料來源：

Sohn, H. M. (1999). The Korean Language.

King, R. (2006). “Language, Identity, and Regionalism in South Korea.”

5.1 語言與階序——從敬語體系看韓國社會結構

在韓國，語言不僅是溝通工具，更是一種社會行為的展現。尤其是韓語中的敬語體系，深刻地反映了韓國社會的階序與人際關係。

敬語體系的構成

韓語的敬語體系主要由以下三個部分構成：

語尾變化：根據對話對象的身份和關係，選擇適當的語尾形式，如「- 습니다」表示正式敬語，「- 아요 / 어요」表示非正式敬語，「- 아 / 어」表示平語。

詞彙選擇：使用特定詞彙來表示尊敬，如「말씀」是「말」的敬語形式，「진지」是「밥」的敬語形式。

稱謂使用：根據對方的年齡、職位等，使用適當的稱謂，如「선생님」表示老師或尊敬的人，「사장님」表示社長或老闆。

這些語言特徵不僅體現在日常對話中，也滲透到書信、演講、媒體等各個方面。

註：以上簡易說明包括格式體與非格式體的敬語和平語（半語）

敬語的社會功能

韓國社會深受儒家思想影響，按年齡、地位、性別等因素構成社會階序。敬語體系正是這種階序的語言表現。

例如，在職場中，下屬對上司使用敬語是基本禮儀，即使私下關係親密，也不會輕易使用平語。相反，上司對下屬則可以使用平語，這種語言上的不對等反映了權力關係的存在。

在家庭中，年輕人對長輩使用敬語是基本規範，即使是兄弟姐妹之間，年幼者也須對年長者使用敬語。這種語言習慣從小就被灌輸，成為社會化過程的一部分。

敬語在韓國社會中具有多重功能：

維持社會秩序：通過語言上的尊卑區分，強化社會階序，維持社會穩定。

表達尊敬與禮貌：使用敬語是對他人表示尊重的方式，有助於建立和諧的人際關係。

界定人際關係：敬語的使用與否可以明確界定彼此的關係親疏，避免社交上的尷尬。

反映自我身份：通過使用敬語，說話者可以表達自己的社會身份和角色，增強自我認同。

敬語的挑戰與變化

隨着社會變遷，特別是在年輕世代中，語言使用逐漸趨向平等與親密化，敬語有時被簡化或省略，以營造輕鬆關係。此外，全球化與數位媒體的影響也推動語言變革，例如社交平台中，越來越多人傾向使用縮略語與非正式語氣，淡化了語言階層性。

年輕世代的語言使用：現代年輕人傾向使用更平等的語言形式，對敬語的使用更加靈活，甚至在某些情況下省略敬語，以表達親密或平等的關係。

女性的語言地位：傳統上，女性使用語言時受到更多限制，需表現出更多的謙遜和禮貌。然而，隨着性別平等意識的提高，女性在語言上的表達也變得更自主和多樣。

外來文化的影響：全球化和外來文化的影響，使韓語出現了大量外來詞和新詞，對傳統的敬語體系構成挑戰。

數碼媒體的語言變革：社交媒體和數碼通訊的普及，使人們在網絡上使用更簡潔、直接的語言形式，敬語的使用頻率有所下降。

商用韓語與生活韓語的不同

1. 語氣與格式的差異

商用韓語（Business Korean）強調正式、禮貌、結構嚴謹的表達方式，語尾幾乎都使用最高級的敬語，如 -습니다／-ㅂ니다 結尾。例如：

- 商用韓語：확인해 드리겠습니다.（我會幫您確認。）
- 生活韓語：확인할게요.（我查查看。）

韓國語言層級明確，特別是在公司內部，上下級、客戶與廠商的溝通，皆有「話術標準」，這也是為甚麼很多剛進職場的新鮮人需要補修「商業敬語」。

2. 詞彙選擇與行話

商用韓語充滿專業詞彙與慣用語，像是：

- 업무（業務）
- 회의（會議）
- 보고서（報告書）
- 기획안（企劃案）

而在日常生活中，則較常使用口語化詞語，搭配身體語言與表情，例如：

- 밥 먹었어요？（吃飯了嗎？）
- 대박！（太扯了！）

3. 書寫風格與禮儀用語

商用書信與電郵常用「귀하（貴下）、귀사（貴公司）、감사드립니다（致謝）」等格式化詞語。格式要求嚴謹，有些公司甚至備有模板。

相比之下，生活韓語如 KakaoTalk 訊息，更偏好使用簡短句子、表情符號或語氣詞（ㅎㅎ、ㅋㅋ、^^）來增進親密感。

香港人學韓語的幾個有趣觀察

1.「你我他」搞混變得尷尬

對外國學習者來說，這種敬語文化常引發誤會，如香港初學者因直譯「你」而造成冒犯，或因模仿韓劇語氣而在不當場合使用情緒性表達。這些跨文化錯誤雖尷尬，卻也讓學習者更深刻體會語言與文化的緊密關係，並在實際交流中逐步掌握語用規則。

香港人初學韓語常因中文語境誤用第二人稱「너」，導致不小心冒犯長輩或不混熟的人。其實「你」不是誰都能叫的，學生對老師、下屬對上司，通常避免使用「你」，會用職稱代稱，例如「선생님은요？」（老師呢？）而非「너는요？」（你呢？）。

在一次語言交換中，有位香港女生對老師誤用了「너」，結果氣氛瞬間凝固；也有很多次眼看香港人用翻譯機親切

地與韓國人展開對話，但誤把「你」直譯出「당신」，韓國人的臉瞬間崩緊。這類文化衝突往往讓初學者記憶深刻。

2.「오빠」的迷思

許多女生因韓劇影響，熱衷使用「오빠」（Oppa），甚至見過男生大大聲呼叫 OPPA，但實際生活中，這個詞充滿語境限制。如果用錯場景或對象，很容易被誤會「想撒嬌」或「關係不清楚」。例如，一位香港女學生跟店員說「오빠 주세요」，結果引來旁人側目，其實她只是想叫那位比自己年長的男店員幫忙。

3. 發音小地雷：「발」與「팔」

由於港人習慣廣東話發音，「p」與「b」、「f」與「p」容易混淆。有時更發音錯誤而說了粗口也不知道。例如：

- 발（腳）vs 팔（手臂）；
- 불（火）vs 풀（草）。

某學韓語的朋友曾經說自己「腳痛」時說成「手臂痛」，結果韓國朋友愣了一下笑說：「你到底哪裏痛？」

4. 過度依賴韓劇口語

不少初學者習慣從韓劇中學語言，但會學到偏情緒化的表達和罵人的用字。例如：

• 뭐?!（甚麼！？）

• 미쳤어？（你瘋啦？）

在日常中若頻繁使用這些對話，會顯得失禮或太戲劇化，在職場或正式場合尤其不合適。

5. 認錯語尾導致誤會

例如：

•「-ㄹ까요？」本是詢問意見：「要不要這樣做呢？」但很多人誤用在命令語境，讓人覺得「被指使」，造成溝通誤差。

韓語不單是一種語言，也是一種深具社會規範與文化禮儀的載體。對香港學習者來說，從語言錯誤中學習文化，比單靠教科書更直接有趣。每一個小小誤會或尷尬時刻，都是跨文化溝通中的寶貴經驗。

5.2 韓國語言與文化的關聯——標準語與方言

韓國語深深植根於社會結構與文化認同之中。當我們談論「標準語」時，容易聯想和探討與正統性的語言形式，以及它如何影響地方方言的地位與發展。

標準語的建立與首爾話的地位

韓國的標準語（표준어）是以首爾地區的語音為基礎，經過語言學家的整理與規範而形成。這個過程始於 20 世紀初，特別是在日本殖民統治期間，韓國語言面臨被壓制的危機。為了保護與發展韓語，語言學家致力於制定統一的語言標準。1945 年光復後，韓國政府進一步推動標準語的普及，並在教育、媒體等領域強化其地位。

首爾話之所以被選為標準語的基礎，除了地理上的中心地位，也與首爾作為政治、經濟與文化中心的角色密切相關。這使得首爾話在全國範圍內被視為「正統」的語言形式，而其他地區的方言則被邊緣化。和聯繫人的身份到城鄉差異。

地方方言的多樣性與挑戰

韓國的方言（사투리）豐富多樣，主要分為六大區域：首爾、江原、忠清、全羅、慶尚與濟州。每種方言都有獨特的語音、詞彙與語法特徵，反映出當地的歷史與文化與人的個性。例如，慶尚道方言語速較快，語調上揚，給人強烈的印象；全羅道方言則語調柔和，忠清大田方言語速較慢，展現出不同的地域特色。

然而，在標準語主導下，卻常被視為「落後」或「不正式」。在教育體系中，學生被要求使用標準語，方言往往被糾正或忽視。過往於媒體中，方言角色常被賦予特定的刻板印象，如鄉土、無知或滑稽，進一步加深了對方言的負面認知。無形中加劇了語言的階級化現象。

隨着對地方文化特色的重視，也是 K 的文化，而且地方方言承載着豐富的文化內涵與歷史記憶，也是口述傳統、民間故事與地方藝術的重要載體。例如，濟州方言中保留了許多古老的韓語詞彙，對語言學研究具有重要價值。

例如今年韓劇《苦盡柑來遇見你》，由劇名到對白，都保留了不同年代的濟州、釜山、慶尚道的方言，以及那個時代的標準語。

方言與身份認同的關係

語言是身份認同的重要組成部分。對許多地方居民而言，方言不僅是日常溝通的工具，更是情感連結與文化歸屬的象徵。在外地生活的韓國人，常透過方言尋找同鄉的親切感，維繫與家鄉的聯繫。然而，社會對方言的偏見與歧視，仍然使得一些人選擇壓抑自己的方言，轉而使用標準語，以避免被貼上「鄉下人」的標籤。這種語言上的自我壓抑，反映出社會對語言多樣性的包容度仍需提升。

捍衛語言的重要

隨着社會對多元文化的重視，方言的價值逐漸被重新認識。年輕一代開始以方言為自豪，將其融入音樂、戲劇與文學創作中，展現出方言的創造力與生命力。例如筆者最愛的韓劇《請回答》系列中很多角色都使用了方言，尤其是釜山方言（慶尚道方言）、《陽光先生》開化期出現了許多方言，包括慶尚道方言、全羅道方言等，充分反映當時社會面貌。

談論韓國語言與社會的關係時，電影《말모이》（港譯《義筆容辭》）提供了一個極具象徵性的歷史切面，讓我們重新省思語言、身份與國族意識的深層連結。

《말모이》：語言是民族的靈魂

電影《말모이》（2019 年上映，由嚴裕燮導演，柳海真與尹啟相主演）講述的是日治時期，一群知識分子與平民如何冒着生命危險，秘密編纂《朝鮮語大辭典》的過程。電影名稱「말모이」來自韓語「收集語言」或「詞彙集合」的意思，反映出當時在母語瀕臨被抹消的危機中，保護語言也成為一種民族抗爭。

《말모이》傳遞了這樣一個訊息：語言不只是溝通工具，它蘊藏着一個民族的歷史、文化、情感與集體記憶。當一個語言遭到抹除，其實是文化根基與自我認同的崩解。這也解釋了為甚麼當時的語言學者，如柳在一與金範鎔等人，即使身陷囹圄也堅持完成辭典的編纂工作。最終，這項工作為 1947 年發行的《조선말큰사전》（朝鮮語大辭典）奠定了基礎。

在電影中，「말모이」計劃成員之一說道（對白）：「雖然這些只是詞，但它們代表的是我們曾經生活過的證據。」這句話正好呼應了韓國當代語言學與文化學者常強調的一點：語言是文化的活化石，它見證了一個民族的生活軌跡。

文化旅人觀點下的反思

作為一位走訪韓國各地文化現場的旅人，我在全羅南道聽過長者說過的鄉音，在濟州島的鄉校遇過年輕人學習當地方言，在慶尚北道的農樂場上見過方言與音樂，和我在釜山大學院指導教授純正地道的釜山言的論文課指導，方言對於外國人來說就如將文化再細分的探索，愈發掘愈見有趣。

增補資料

電影《말모이》（港譯《義筆容辭》）

故事背景設定在 1940 年代的京城（今首爾），在日治政權施壓下，朝鮮語被禁止在學校教授、在公共場合使用，甚至印刷出版都遭到嚴格控管。在此背景下，一群語言學者與普通市民（電影中的主角金判洙是一名文盲小偷）共同記錄與保存朝鮮語詞彙，不僅是為了語言的存續，更是為了守護民族的靈魂與尊嚴。

想看大辭典原稿的樣子嗎？

https://www.heritage.go.kr/heri/cul/culSelectDetail.do?ccbaKdcd=12&ccbaAsno=20850000&ccbaCtcd=11&pageNo=1_1_1_0

5.3 網絡語言與年輕世代——語言的顛覆與創造

在首爾的咖啡館裏，常聽到年輕人用快速而獨特的語言交流。他們的對話中充滿了新創的詞彙和縮略語，這些語言不僅反映了他們的創造力，也揭示了韓國社會語言變遷的趨勢。

網絡語言的興起

網際網絡日趨普及，特別是社交媒體和即時通訊工具的盛行，韓國年輕世代創造了大量的新詞彙和表達方式。例如，「ㅋㅋㅋ」表示 KKK 笑聲，「ㅇㅇ」代表嗯嗯「是的」，這些表達形式既高效又充滿個性，並在網絡社群中迅速流行起來。另外，一些新用法將原有的字加工後，像附帶了說話的語氣。例如常見的回覆方式「네」和「넵」。

語言的顛覆與挑戰

這些語言創新並不僅止於網絡娛樂，還反映出一種社會結構的轉變。年輕人經常組合新詞來描述生活情境，而且這些詞語在社交媒體上快速擴散，逐漸成為新一代的流行象徵。然而，這種語言創新也挑戰了韓國傳統的語言禮儀。在較嚴格的長幼有序社會中，非正式語言的廣泛使用、尤其是在職場和學校可能被視為不敬，與傳統韓國語言及其背後傳統禮儀價值觀出現差異，矛盾容易因此而起。

另一方面，語言的使用亦具有身份認同的功能。新語言的使用和認知直接反應你是哪一年齡層的人，如常說的 MBTI 和以多士 (* 吐司) 比喻身心疲憊的狀態分類一樣，透過特定用語來辨識彼此的社群歸屬，這種語言上的「同溫層」使用方式，對建立群體的連結與默契愈來愈關係。

* 吐司 :「토스트아웃」（Toastout）是一個結合英文 Toast（토스트，烘多士）與 Burnout（번아웃，過勞）而創造出的混成詞。現時網上已出現多種不同的吐司形容人們不同的狀態。

增補資料一

而且這些詞語在社交媒體上快速擴散，逐漸成為新一代的流行象徵。然而，這種語言創新也挑戰了韓國傳統的語言禮儀。在較嚴格的長幼有序社會中，非正式語言的廣泛使用、尤其是在職場和學校可能被視為不敬，與傳統韓國語言及其背後傳統禮儀價值觀出現差異，矛盾容易因此而起。

另一方面，語言的使用亦具有身份認同的功能。新語言的使用和認知直接反應你是哪一年齡層的人，如常說的 MBTI 和以多士 (* 吐司) 比喻身心疲憊的狀態分類一樣，透過特定用語來辨識彼此的社群歸屬，這種語言上的「同溫層」使用方式，對建立群體的連結與默契越來越關係。

* 吐司 :「토스트아웃」（Toastout）是一個結合英文 Toast（토스트，烘多士）與 Burnout（번아웃，過勞）而創造出的混成詞。現時網上已出現多種不同的吐司形容人們不同的狀態。

縮略語例子（줄임말）

當代韓國年輕人，特別是在韓綜字幕、社交媒體、論壇（如 DC Inside、Nate Pann）、即時通訊（如 KakaoTalk）

及 YouTube、TikTok 略語（줄임말），看看你認識多少個？

1. 자만추（ja-man-chu）
   자연스러운 만남을 추구한다 = 追求自然的相遇
   ▸通常出現在戀愛、交友的語境中，反對相親、交友 App。

2. 갑분싸（gap-bun-ssa）
   갑자기 분위기 싸해짐 = 氣氛突然變冷場
   ▸表達突然講錯話或尷尬的瞬間。

3. TMI（Too Much Information）
   雖是英文縮寫，但被完全本地化
   ▸表示「太過多的資訊」，常用於分享無關痛癢的小事。

4. JMT（존맛탱）
   존나 맛있다 + 탱（強調語氣）= 超級好吃！
   ▸粗俗但年輕人愛用的食物讚嘆語。

5. ㅇㅇ / ㄴㄴ
   응 / 아니요 = 是 / 不是
   ▸在聊天室、留言板最常見的簡寫。

6. 노답（no-dap）

No + 답 = 無解、無答案

▸ 描述無法處理或極度糟糕的情況。

7. 사바사（sa-ba-sa）

사람 by 사람 = 因人而異

▸ 表示「看人而定」，與英文 "case by case" 相似。

8. 스불재（seu-bul-jae）

스스로 불러온 재앙 = 自作自受、自找麻煩

▸ 用於對自己衝動行為的自嘲。

9. 꾸안꾸（kku-an-kku）

꾸민 듯 안 꾸민 듯 = 看起來好像沒打扮，其實精心裝扮

▸ 常用於形容穿搭或妝容風格。

10. 안물안궁（an-mul-an-goong）

안 물어봤고 안 궁금해 = 沒問你，也不想知道

▸ 表達無視、冷淡或嘲諷，常用於留言回覆。

11. 현타（hyeon-ta）

현실 자각 타임 = 回到現實的時間（Reality Check）

▸ 形容玩遊戲／追劇太入迷後突然「醒悟」的情緒落差感。

12. 얼죽아（eol-juk-a）

얼어 죽어도 아이스 아메리카노 = 冷死也要喝冰美式

▸表達對特定飲品或習慣的強烈偏好，甚至不顧季節。

13. 갓생（gat-saeng）

갓 + 인생 = 神一般的人生／努力認真的生活

▸誇讚某人自律、過着積極有意義的生活方式。

14. 멍때리다（meong-dae-ri-da）

呆滯放空、不帶思考地放空

▸常與冥想、Healing、慢活生活風格連結。

15. 존잘 / 존예（jon-jal / jon-ye）

존나 잘생김 / 존나 예쁨 = 超級帥／超級美

增補資料二

在 KakaoTalk 中常用的符號和表情符號主要用來表達情緒和反應你又認識多少個用法？

- ㅋㅋ
- ㅎㅎ
- ㅎㅎㅎ
- ㅠㅠ
- ㅜㅜ
- ㅇㅇ
- ㅇㅋ
- ㄱㄱ
- ㅡㅡ
- ㅈㅅ
- ㅇㄷ

5.4 新造語신조어

韓國語言的魅力不僅在於它的系統性與科學性，更體現在其與文化、社會變遷緊密結合的活力。近年，韓流的興起讓韓國文化強勢輸出，其影響也自然地滲透至語言領域。不論是透過流行音樂、韓劇、韓綜，還是社群媒體的內容擴散，新造語與語言風格不僅形成韓國國內的溝通方式，更悄然影響到中文世界，尤其是對於年輕世代。不難發現我們日常生活中也用了不少由韓語而來的中文詞句。

韓國語言的文化力量

韓語的力量源於其對社會現象的敏銳反映。與其說韓國語言創造力強，不如說它能即時呼應大眾的生活狀態與情緒變化。從 20 世紀末以來，韓國在資訊科技、媒體產業與文化創意方面迅速成長，帶動了語言的革新與爆炸性增長。語言成為文化輸出的第一波工具，也成為受眾參與韓國文化的入門鑰匙。

特別是像「사랑해요」（我愛你）、「화이팅」（加油）等詞

彙，因為韓劇、K-POP、YouTube 影片的普及而為非韓語使用者所熟知。再如“Oppa（哥哥）”、“Unni（姐姐）”、“Aegyo（撒嬌）”等語彙，亦已納入中文語境中，成為粉絲圈、次文化中自然的語言元素。

新造語的語言社會學

韓國新造語（신조어）現象有其文化土壤。大多來自網絡社群、校園文化、偶像粉絲圈或電視綜藝，帶有一定的流行性與社群凝聚功能。這些新詞往往簡潔、押韻，易於傳播。例如：

- 무물（Mu-mul）：무엇이든 물어보세요（歡迎提問）的簡縮
- 스불재（Seu-bul-jae）：스스로 불러온 재앙（自找麻煩）的簡縮

這類縮略語反映出社群間的語言創意，也同時是社會情緒與世代價值的語言表達。Z 世代特別喜愛使用此類語彙，以此形成族群認同與語言邊界。

語言與媒體的雙向影響

韓國媒體——尤其是綜藝節目與 YouTube——成為語言新詞的「孵化器」。節目如《無限挑戰》、《認識的哥哥》、《Biong Biong 地球娛樂室》與《出差十五夜》常見主持人玩語言梗，創造引爆社群反應的詞語；韓劇中的對白也迅速成為流行用語或一些流行的語助詞：歐某 (omo) 어머，阿一估 (aigo) 아이고。

在社群媒體與短影音平台（如 TikTok、Instagram Reels）上，流行語快速更新。這也使得韓文語境中的新詞很快便透過粉絲圈傳入中文圈，甚至導致語言混用現象。韓語縮略語與表現方式的借用已成趨勢，出現中英韓夾雜使用也是常見。因為語言與媒體相互影響，流行來得快、影響來得也快，當我們著迷於韓國新造語的趣味與創新時，也應多留意新造字與我們本身的文化有沒有影響，因為某些縮略語可能帶有歧視或排他意味，如對外貌的評價、性別刻板詞彙、粗言穢語諧音等，這些詞雖短暫流行，但也容易強化偏見。

後疫情時代的韓國新造語

因為社交距離和生活模式的改變，비대면（非見面）、비접촉（非接觸）、언택트（Untact）等新造韓文字被廣泛使用，「언택트」的「언」是英文的“un”，「택트」則是英文“Contact”的字尾”-tact”，有「不接觸」的意思，而언택트也被廣泛地使用和融入到韓國人的生活和娛樂中，非接觸形式的線上粉絲見面會、線上參加綜藝節目的「現場」觀眾、線上演唱會、釜山沙灘上舉行的非接觸瑜伽活動等，都因為大家習慣了 Untact 的生活而變得普及。

由金高銀和金柱憲出演的韓國短篇愛情電影《언택트》（Untact）於 2020 年 10 月上映，故事講述在全球大規模爆發疫情的 2020 年，男主角從法國到韓國，因要遵守十四天家居隔離而沒法與女主角接觸，同時也只能透過女生經營的影片頻道了解她的生活日常；疫情前，男女雙方關係早已因長距離戀愛而產生誤會，在想念與孤獨、接觸與分開的矛盾下，反思雙方和人與人之間的關係。故事正正記錄了世界各地的人在疫情下的真實寫照。

深度旅遊新造語

除了電影題材受疫情啟發，電視節目也因疫情而有所轉變。因為當時各地無法通關，而且到海外拍攝存在極大風險，所以幾乎所有韓國旅遊式綜藝都改為國內拍攝，以療癒旅行（힐링 여행）、車中泊（차박）、華麗露營（글램핑）、線上旅行（랜선여행）、寺廟寄宿（템플스테이）、韓屋住宿（한옥스테이）、養生旅行（웰니스）、宅渡假（호캉스）等主題的慢活式旅遊綜藝逐漸流行起來。在韓國本地搜尋美麗的地方、美食，體驗和大自然接觸的慢活主義，更着重身心健康和人與人之間的相處。例如在遠離市中心的全羅南道白羊寺寺廟寄宿，配合這裏的秋景和養生食癒更為吸引；在木浦、海南、羅州等地有不同年代建築特色的傳統韓屋，可以體驗韓屋的一泊二食；在求禮、智異山可以享受登山的樂趣之餘，附近也有各種華麗露營場地。租車的話更可以去到哪裏住到哪裏，來一個全羅南道的環旅體驗也不錯。

語言文化的跨境影響力

語言是一種文化的敘事方式，而縮寫語或新造語的興起，其實是文化內容擴張的證明。韓國在推動文化外交政策時，特別重視語言的全球化應用。韓國文化體育觀光部與國立國語院不僅推動「世宗學堂」等韓語教育機構，也大力支持翻譯與語言研究，讓語言成為文化的承載者。

此外，許多韓國大學與出版社致力建立文學與流行語之間的橋樑。例如近期出版的語言研究類書籍與線上用語詞典，都顯示出社會對於語言演化的重視。

增補資料

10 個跟疫情相關的新造語

1. 코로나블루（Corona Blue）

   = 코로나 + 블루（憂鬱）

   ▸ 疫情期間普遍出現的焦慮、鬱悶、孤立感情緒現象。

   ▸ 多用於媒體與心理健康倡議中，類似全球通用的 Pandemic fatigue（抗疫疲勞）。

2. 확찐자（hwak-jjin-ja）

   = 확진자（確診者）+ 찐자（變胖的人）

   ▸ 原為搞笑雙關語，表示疫情期間吃太多變胖的人。

   ▸「찐」有「長肉」之意，故帶有身材自嘲意味。

3. 집콕족（jip-kok-jok）

   = 집（家）+ 콕（緊閉、躲進去）+ 족（族群）

   ▸ 指因疫情長期宅在家的人群。

   ▸ 發展出相關詞如집콕놀이（宅家遊戲）、집콕템（宅家好物）。

4. 언택트（Untact）

   = Un + Contact（非接觸）

   ▸ 韓國社會自創的英語混合詞，強調非接觸社交、消費方式。

   ▸ 例：언택트 배달（非接觸配送）、언택트 공연（線上演出）。

5. 온택트（Ontact）

   = Online + Contact（線上接觸）

   ▸ 為彌補「언택트」下的疏離感，發展出「線上互動」概念。

   ▸ 例：온택트 수업（線上課）、온택트 회식（線上聚餐）。

6. 확찐사회（hwak-jjin-sa-hwae）

   = 確診社會

   ▸ 諷刺疫情造成的社會變化，包括對人群、公共空間的恐懼感，或是制度性防疫對生活的影響。

7. 방콕（bang-kok）

= 방（房）+ 콕（躲在），有「躲在房間裏」的意思

▸ 與泰國首都 Bangkok 發音相同的雙關語，用於形容防疫期間整天待在家不出門的生活。

8. 줌탈출（Zoom-tal-chul）

= Zoom + 탈출（逃離）

▸ 表示對長時間視訊會議 / 線上課程感到疲勞與厭煩。

9. 격리템（gyeong-ri-tem）

= 隔離 + Item（物品）

▸ 在隔離期間必備的療癒商品，例如追劇神器、美食、蠟燭、室內植物等。

10. 회식갑분싸（hoesik-gab-bun-ssa）

= 회식（聚餐）+ 갑자기 분위기 싸해짐（氣氛突然尷尬）

▸ 疫情後重啟的實體聚餐，讓習慣遠距社交的人感到格格不入。

參考資料來源：

- 국립국어원 신어사전（National Institute of Korean Language, 신조어）
- 연합뉴스 , 한국일보《코로나 이후의 언어》
- 2020–2022 MZ 세대 신조어 데이터 분석（KISDI, 한국정보사회진흥원）

5.5 韓文文字走向世界的影響力

每年10月9日是韓國國定假日「韓文日（한글날）」，以紀念韓文的誕生。其中韓文的訓民正音解例本也於1997年10月被列為聯合國教科文組織（UNESCO）世界記憶遺產。

韓文是韓國獨有文字，於1443年由世宗大王（朝鮮王朝第四位君王）所創制。世宗大王為使百姓能更容易學習並使用文字，遂於1446年頒布《訓民正音》，自20世紀起，正式被稱為「韓文」。不過及後韓文如何在民間真正地發揚光大，相對少有被談及。《訓民正音》的內容包括新造韓語字母，及訂定韓語拼寫規則，由於這個改革會直接與宗室和兩班權貴有利益衝突，所以韓文（諺文）的誕生並不是想像中容易。如想輕鬆了解當時世宗大王與學者們製作和公佈韓文的過程，十分推薦觀賞2019年的韓國電影《나랏말싸미》（王的文字）。

韓國曾經歷日治時期，對於韓文的普及及流傳至今，可謂一波三折。1876 年，出身於有超過 135 年歷史的漢城培材學堂（培材大學）、對韓文有重大貢獻的韓文語言學者周時經先生（주시경），與學者們進行韓文系統編輯、整理文法參考法、編輯標準標記法，整理成獨有的語文系統。1930 至 1945 年日治期間，使用、教育、發佈韓文受到不同程度的禁止及打壓。直至光復後周時經先生致力參與國民啟蒙運動和恢復國權運動，又辦過報紙，為將韓文發揚光大而花盡一生研究，完成了《國語文法》、《國語文曲音學》、《國文研究》、《高等國語文典》等著作。2019 年韓國電影《말모이》（港譯：義筆容辭）正是描述當時情況。其中一個情節，就是為了保存完整的國文（韓文）詞語、文法、用語、方言等，以達到保留文字才能保留文化宗旨，於是暗地集合各地的國文老師逐一記錄，才使各地的方言及語文特色得以盡力保留下來。

2021 年牛津字典新增韓語詞彙，2024 年再增 7 個

韓文經過長時間發展，同時受到方言再流行和外來文化影響，每年都增加不少新造字。新造字愈多人使用，愈代表新的流行文化誕生；同樣，世界各地學習韓文的人越來越多，韓流熱潮在全球持續，大家在生活中也不知不覺地使用韓文或由韓文音譯而成的新造字，這也代表韓文慢慢走

進世界各地人們的生活中影響其他語言的創造。在 2021 年 10 月，英國《牛津英語詞典》（OED）在最新版本中收錄了 26 個新增韓語詞彙，而大部分都是跟韓國飲食和獨有文化有關。語文不單是溝通語言，還包括一個地方的文化、精神、思想、思維模式至社會的意識形態。由世宗大王創建韓文、經歷當時兩班及士大夫的反對、日治時期下的打壓和破壞、光復後的語文發展至今，成為現時這個國家以自己的語文引以為傲，再推廣至世界，實在不容易。2024 年 12 月，英國《牛津英語詞典》在最新版本中新增了 7 個韓語詞彙，同時也更新和統一不少已有的詞彙。看看你認識多少個？有沒有一些已在日常生活中潛移默化地使用呢？（見增補資料）

語文及文化是不可分割的，廣東話的獨有特色要保留、繼續使用及傳承，才能夠將真正的香港文化延續下去。不要小看周星馳、張國榮的電影，直到今天筆者身邊 90 後、00 後的韓國朋友對香港文化和廣東話都很感興趣，他們也是從電影中的對白學習廣東話。

2021 年 9 月新增詞彙（共 26 個）

這次更新反映了韓流文化在全球的影響力，新增詞彙涵蓋飲食、流行文化、語言等領域：

· aegyo（애교）：可愛的行為或表現，常見於韓國流行文化中。
· banchan（반찬）：韓國餐桌上的小菜。
· bulgogi（불고기）：韓式烤肉。
· chimaek（치맥）：炸雞與啤酒的組合。
· daebak（대박）：表示驚喜或成功的感嘆詞。
· dongchimi（동치미）：一種水泡蘿蔔泡菜。
· fighting（화이팅）：加油、鼓勵的表達方式。
· galbi（갈비）：韓式排骨。
· hallyu（한류）：韓流，指韓國文化的全球影響力。
· hanbok（한복）：韓國傳統服飾。
· japchae（잡채）：韓式炒粉絲。
· K-：作為前綴，表示與韓國相關的事物，如 K-pop。
· K-drama：韓國電視劇。
· kimbap（김밥）：韓式紫菜飯卷。
· Konglish：韓式英語，韓語與英語的混合語言。
· Korean wave：韓流的英文表達。
· manhwa（만화）：韓國漫畫。
· mukbang（먹방）：直播吃播節目。
· noona（누나）：男性對年長女性的稱呼。
· oppa（오빠）：女性對年長男性的稱呼。
· PC bang（피시방）：網絡咖啡店。
· samgyeopsal（삼겹살）：韓式五花肉。

· skinship：親密接觸，表示親密關係的肢體接觸。
· tang soo do（당수도）：韓國傳統武術。
· trot（트로트）：韓國傳統流行音樂。
· unni（언니）：女性對年長女性的稱呼。

2024 年 12 月新增詞彙（共 7 個）

· dalgona（달고나）：韓國傳統糖果，因韓劇《魷魚遊戲》而更多人認識。
· hyung（형）：男性對年長男性的稱呼。
· noraebang（노래방）：卡拉 OK 包廂。
· maknae（막내）：團體中最年輕的成員。
· jjigae（찌개）：韓式燉湯。
· tteokbokki（떡볶이）：辣炒年糕。
· pansori（판소리）：韓國傳統敘事音樂。

增補資料一

這些詞彙的收錄反映了韓國文化在全球的趨勢，特別是在飲食、音樂、電視劇等方面的普及。如需了解更多詞彙的詳細定義與用法，建議參考《牛津英語詞典》官方網站。

在《牛津英語詞典》於 2021 年大規模收錄韓語詞彙之前，該詞典已逐步納入多個韓語詞彙，反映了韓國文化在英語世界的影響力。以下是截至 2021 年之前被收錄的韓語詞彙及其收錄年份：

1933 年補編收錄

· Korean：形容詞與名詞，指韓國的或韓國人。

· Koreanize：動詞，使某事物韓國化。

1976 年補編收錄

· gisaeng（기생）：受過藝術訓練的女性藝人。

· hangul（한글）：韓國的字母系統。

· kimchi（김치）：韓國的發酵泡菜，現稱辛奇。

· kono（고누）：一種韓國傳統的策略遊戲。

· myon（면）：行政區劃單位。

· makkoli（막걸리）：韓國傳統米酒。

1982 年補編收錄

· sijo（시조）：韓國傳統詩歌形式。

· taekwondo（태권도）：韓國跆拳道。

· won（원）：韓國貨幣單位。

· yangban（양반）：兩班，朝鮮時代的貴族階層。

· ri(리)：行政區劃單位。

· onmun(언문)：韓國語的另一名稱，指韓文。

· ondol（온돌）：韓國傳統地暖系統。

2003 年新增

· hapkido（합기도）：合氣道，韓國現代武術。

如需查閱更多詞彙的詳細定義與用法，建議參考《牛津英語詞典》官方網站。

參考資料來源：

1.《訓民正音》語文政策與韓國文字之崛起（《台灣地區國際研究季刊》第 6 卷第 4 期頁 53-69 2010 年 / 冬季號）：https://bit.ly/2GxKRFG

2. 英國《牛津英語詞典》（OED）新增韓語詞彙：https://public.oed.com/blog/daebak-a-k-update/

增補資料二

韓語在全球的文化外交

韓國政府自 2000 年代以來，積極推動韓語國際化，將其視為文化外交的核心工具之一。這一策略不僅促進了韓語的普及，也強化了韓國在全球文化舞台上的影響力。

世宗學堂的設立與「在線世宗學堂」(Nuri Sejong Hakdang)

2007 年，韓國政府為了推廣韓語和韓國文化，成立了「世宗學堂」(King Sejong Institute)。肩負起在全球推廣韓語與韓國文化的任務。

初期，世宗學堂僅在 3 個國家設有 13 個分支機構，隨着韓流的興起和全球對韓語學習需求的增加。截至 2023 年，全球已有 85 個國家設立共 248 個世宗學堂，學員人數接近 12 萬人。

韓國政府計劃進一步擴展世宗學堂的覆蓋範圍，目標是在 2027 年前將數量增至 350 個。此外，政府還計劃加強對韓語教師的培訓，提高教學質量，並開發更多符合不同地區需求的教學資源。

為了應對全球學習者的需求，韓國政府積極推動韓語學習數碼化。「在線世宗學堂」（Nuri Sejong Hakdang）提供了多語言的韓語學習資源，包括教科書、練習題和文化介紹等。此外，該平台還提供了線上韓語會話課程，方便學習者隨時隨地學習。而且種類日見多元，除了初、高級韓語之外，新增了有商用及翻譯用韓語學習資源，滿足不同程度的韓語愛好者的需求。

線上學習平台的作用在新冠疫情期間更為凸顯。世宗學堂通過提供線上課程，確保全球學習者在疫情期間仍能持續學習韓語。這種靈活的學習方式不僅提高了學習效率，也擴大了韓語的影響範圍。部分學習方式保留至今。

語言政策與文化外交的結合

韓國政府將語言政策與文化外交相結合，通過推廣韓語來增強國家的軟實力。世宗學堂不僅教授語言，還舉辦各種文化活動，如韓國飲食、傳統音樂和舞蹈等，讓學習者深入了解韓國文化。這種語言與文化的結合，增強了學習者對韓國的認同感和親切感。

此外，韓國政府還與其他國家的教育機構合作，將韓語納入當地的教育體系。這種合作不僅促進了韓語的普及，也加強了韓國與其他國家的文化交流與合作。

韓國政府計劃進一步擴展世宗學堂的覆蓋範圍，目標是在2027年前將數量增至350個。此外，政府還計劃加強對韓語教師的培訓，提高教學質量，並開發更多符合不同地區需求的教學資源。

同時，隨着科技發展，韓語學習將更為依賴數碼平台和人工智慧技術。例如，利用AI技術進行語音識別和語言評估，提高學習個性化和效率。這些技術的應用將使韓語學習更加便捷和高效，進一步促進韓語的全球普及。

韓語的全球擴張不僅是語言教育的成功，更是韓國文化外交戰略的體現。通過世宗學堂的設立和發展，韓國成功地將語言作為文化交流的橋樑，增強了國家的軟實力和國際影響力。隨着不斷持續努力，韓語將在全球發揮更大作用，促進不同文化之間的理解與合作。

參考資料來源：

· 세종학당재단 공식 홈페이지（世宗學堂官方網站）：https://www.ksif.or.kr

· 누리 세종학당（Nuri King Sejong Institute）：https://nuri.iksi.or.kr

· 세종학당 2027 년까지 350 개소로 확대 계획（計劃2027年將世宗學堂增至350個）：https://eiec.kdi.re.kr/publish/naraView.do?cidx=14502

· 2023 년 신규 세종학당 지정 현황（2023年世宗學堂新增據點）：https://www.ksif.or.kr/cop/bbs/selectBoardArticle.do?bbsId=BBSMSTR_000000000071&nttId=9220000005401

5.6 學習韓文，真正進入韓國文化的一扇門？

隨着韓流文化的影響力日益擴大，從 K-Pop、韓劇到韓國料理與美妝時尚，韓國文化早已不再局限於一地，而是蔓延全球，吸引了無數人的目光。然而，想要深入理解這些文化元素，僅僅依靠翻譯或字幕往往難以捕捉其精髓。學習韓文，成為了通往韓國文化深處的一扇門。掌握韓文，猶如獲得了一把深入探索韓國社會、思想方式的鑰匙。

語言與文化的密不可分

韓文作為韓國的官方語言，承載着豐富的歷史與文化意涵，是文化的縮影。韓文不僅僅是一種交流工具，它的語法結構、詞彙使用，甚至敬語體系，都深刻反映了韓國社會對於年齡、地位與禮儀的重視。韓文中的敬語體系反映了韓國社會對於年齡和地位的重視。

此外，韓文中的諺語和成語也蘊含着韓國人的生活智慧和價值觀。例如，「가는 말이 고와야 오는 말이 곱다」，透露出韓國人對溝通禮貌的重視與互惠價值觀。這些語言特徵，不只是學術知識，更是理解文化的橋樑。

從實用角度出發，學習韓文亦能帶來諸多實際利益，雖然 AI 發展可以代替了部分語言翻譯。對於熱愛旅遊者來說，懂得基本的韓文能讓韓國之行更加自在與愉快。在商業領域中，隨着韓企國際化及外貿發展腳步加快，能夠使用韓文的專業人才，在翻譯、國際貿易或文化行銷等行業中，顯得更具競爭優勢。學術方面，無論是研究韓國歷史、文學還是社會現象，韓文能力都是深入原始資料分析的重要工具。

學習韓文的建議與資源

學習韓文的過程與學習其他外語一樣，需要持之以恆的努力和使用適當的學習策略，以下是一些建議分享：

- 掌握基礎字母與發音：韓文字母由 14 個子音和 10 個母音組成，結構簡單且規律。建議初學者先熟悉字母的形狀與發音，為後續的學習打下基礎。
- 累積詞彙與語法知識：透過閱讀簡單的韓文文章、觀看韓劇或聽韓文歌曲，逐步擴充詞彙量，並理解基本的語法結構。

- 實踐口語與聽力：參加語言交換活動或與韓國朋友交流，能有效提升口語表達與聽力及理解能力。
- 利用線上資源：目前有許多免費或付費的線上韓文學習平台，自製系統性的課程和練習。例如網上電台、youtube LIVE news channel、韓國人教韓語的youtube channel、世宗學堂的線上免費韓語資源等。
- 參加語言檢定：報考韓國語能力考試（TOPIK），不僅能檢視自己的學習成果，還能作為求職或升學的證明。現時 TOPIK 已新增口語考試。

韓文日對韓國人及韓國社會的意義

韓文日（한글날）對韓國人及韓國社會的意義是深遠且多層次的，不僅是一個紀念語言的節日，更是文化認同、民族自信與歷史記憶的體現。

歷史和文化意義：民族認同的核心象徵

韓文日訂於每年 10 月 9 日，紀念 1446 年朝鮮世宗大王頒佈《訓民正音》的歷史時刻。這部文獻詳細說明了韓文字母的創製原理與目的，是韓文誕生的重要憑證。世宗的初衷是為了讓普通百姓也能書寫、表達想法，打破當時只有上層貴族能使用漢字的限制。因此，韓文代表了語言的民主化與知識平權的精神。

韓文字母（한글）是世界上少數由國家明確創制、目的清晰的文字系統，這全球語言史上極為罕見。對韓國人而言，한글是民族文化的象徵，除了是書寫工具，更承載韓民族的獨立精神與文化自豪感。

當代意義：文化輸出與國際交流的起點

在 21 世紀的韓流（한류）時代，韓文成為全球越來越多人學習的語言。韓文日不僅是國內紀念，也成為國際韓語學習者的文化節日，韓國的駐外機構會舉辦韓語演講比賽、韓文書法展、文化講座等。韓國政府及機構如世宗學堂（세종학당）、韓國文化院也藉此推動韓語教育的全球普及，強化文化外交與國際形象。而在韓國國內各級學校會在這天舉辦書寫比賽、漢字轉換韓文練習、韓文字母設計展等，深化學生對語文的理解與自豪感。

第6章

都市再生與永續發展

도시재생과 지속가능한 발전

6.0 韓國都市更新與文化再生

從拆除到共生——韓國都市更新與文化再生的轉向

自韓戰之後，韓國進入狂飆式都市化階段，經歷了急速的都市化與工業化，城市空間被不斷重塑，舊有的街區被高樓大廈取代，歷史與文化的痕跡漸漸消逝。然而，隨着社會的成熟與市民意識的提升，對於城市空間的理解也逐漸從「開發」轉向「再生」，從「拆除」轉向「保存與共生」。

韓國的都市更新始於 20 世紀 60 年代，當時政府為了應對快速的都市化與人口增長，推行了大規模的都市開發計劃。這些計劃多以拆除舊有建築、興建新式住宅與商業設施為主，忽略了原有社區的歷史與文化價值。例如，首爾的清溪川在 1970 年代被覆蓋，成為高速公路的一部分。

然而，這種以開發為導向的都市更新方式逐漸暴露出問題。原有居民被迫搬遷，社區關係被破壞，歷史建築被摧毀，城市的多樣性逐漸消失。加上近年關注人們居住環境、健康及氣候變化等原因，促使政府與市民開始尋求新的城市發展、空間平衡利用和都市更新模式。

文化再生的興起

進入 21 世紀後，韓國的都市更新理念逐漸轉向「文化再生」。這種模式強調保存與活化城市的歷史與文化資產，透過社區參與與創意設計，賦予舊有空間新的生命。例如，釜山的甘川文化村原本是戰後的貧民窟，經過藝術家的介入與社區的努力，轉變為充滿藝術氣息的觀光景點，吸引了大量遊客，創造了就業空間與觀光收益，逐步轉型為文化再生典範案例，同時也帶來過度觀光的問題。

另一個典型例子是首爾的清溪川復原工程。2003 年，政府決定拆除覆蓋在清溪川上的高速公路，恢復原有的水道與周邊環境，打造一條長達 5.8 公里的生態步道。這項工程不僅改善了城市的生態環境，也成為市民休閒與文化活動的場所，如中秋燈會、清溪川戶外閱讀等，象徵着都市更新理念的轉變。

政策與制度的演進

為了推動文化再生，韓國政府制定了一系列相關政策與制度。2002 年，政府頒布了《都市與住宅環境改善法》（Act on the Improvement of Urban Areas and Residential Environments），以促進都市的整體發展與居住環境的改善。2013 年，又制定了《都市再生活性化及特別法》（Special Act on Promotion of and Support for Urban Regeneration），強調社區參與與文化保存，推動以人為本的都市再生。

此外，政府也設立了「都市再生支援中心」，提供專業的諮詢與支援，協助地方政府與社區推動再生計劃。這些政策與制度的建立，為韓國的都市更新與文化再生提供了制度性的保障。

這些年，韓國在都市再生、文化保育與創意城市建設上的努力，日益成為世界關注的對象，特別是聯合國永續發展目標（SDGs）逐步進入政策主體視野後，「如何在發展中保留文化」、「如何讓地方成為創新的基地」，已不只是政策者的課題，更是社會各層的思索方向。

都市更新必然面臨的挑戰

儘管韓國在都市更新與文化再生方面取得了一定的成果，但仍面臨一些挑戰。例如，部分再生計劃可能導致房價上漲與原住民的搬遷，產生所謂的「紳士化」現象，破壞了原有的社區結構，另外過度觀光同時影響當地原有居民生活的情形也不時發生，如北村居民的投訴、釜山海雲台新文化觀光列車一帶，可見不論平日或是假日，因為觀光人潮而對當地居民日常生活帶來不便的情況。如何在推動都市再生計劃取得平衡、注重社區的參與與共識、尊重地方的居民生活文化和可持續的發展長遠計劃，也是一項重要課題。

參考資料來源：

- 서울정책아카이브 Seoul Solution：서울형 도시재생
- 국가기록원 : 신도시개발 (archives.go.kr)
- 지방공기업 웹진 : 도시재생 제도와 도시재생 사업의 성장
- 인천서구문화재단 : 코스모 40 사례
- https://narangdesign.com/mail/iscf/202208/sub1.php
- 도시재생 종합정보체계 : 도시재생 뉴딜 (city.go.kr)city.go.kr+1erc.re.kr+1
- 韓國法例及法令 (英文參考) https://elaw.klri.re.kr/

6.1 都市更新與文化再生的實驗場——首爾

自 21 世紀初以來，首爾市政府積極推動都市再生項目，透過保留歷史文脈與注入現代文化能量的方式，重塑都市空間的價值。這一過程中，不僅關注建築本體的修復，也透過市民參與與文化設計介入，讓老空間轉變為具有生活感與藝術感的創意基地。當然，當中也有不少曇花一現的例子，以下例出幾個持續發展至今的例子，看看有哪一些特點。

東大門設計廣場（DDP）——舊址的新生命

首爾的都市再生代表性案例，非「東大門設計廣場（Dongdaemun Design Plaza, DDP）」莫屬。此地原為軍事用地與傳統市場，後經由世界級建築師 Zaha Hadid 設計與城市總體規劃，於 2014 年轉型為首爾的創意文化象徵。DDP 集展覽、設計、時尚與夜間市場於一體，讓設計進入市民日常，也為首爾注入了國際視野下的創意能量。Seoul Fashion Week 就是一個成功的例子。

城東區聖水洞——由工業區轉身為創意熱點

另一引人注目的都市再生區域，是位於首爾東部的聖水洞。這裏原本是工業製鞋重鎮，工廠林立。隨着產業轉型與搬遷，許多空間閒置荒廢。然而近十年來，設計師、藝術家與青年創業者紛紛進駐，將老工廠轉化為咖啡館、藝廊、選物店與共用工作空間。這些空間不僅保存原始建築結構，還強調手作精神與社區交流，使聖水洞成為 Z 世代最愛的地區之一，大大小小的複合文化空間在這幾年出現，如 LCDC Seoul、聖水聯邦等。

西村與北村——在傳統中活化當代

以景福宮旁的西村與北村為例，這些傳統韓屋村落在過去曾一度面臨現代開發的壓力，但透過居民自主維護、文化導覽與政府政策支持，轉型為富有生活感的文化觀光地區。許多老宅被改造成茶屋、書店、藝廊與工藝坊，使人得以在現代都市中感受韓國的脈絡。通仁傳統市場、桂洞一帶，除了保留不少老商店，按著原有空間進駐了不少新商店、藝術館、博物館和餐廳，區內的氣息不斷更新。

首爾路 7017 與文化站首爾 284

首爾路 7017 計劃發展成熟，連帶周邊的會賢、首爾站都慢慢變化起來。「7017」的由來是包含多層含意，對首爾（舊：漢城）來說，意指從 1970 至 2017，是一個以都市再生、以人為本的城市計劃，也有「建造於 1970 年、重生於 2017 年」的意思。長約一公里的空中綠園，匯集 17 條通道連結週邊地鐵與步道，可以由會賢站（南大門市場附近）步行至首爾站。從汽車導向轉向以人為本的城市策略。

首爾舊火車站於 1925 年落成，長期是該市的交通門戶。隨著 2004 年高速鐵路 KTX 啟動，新首爾站接手了主要功能，舊站遂停止載客運營。2009 至 2011 年間，政府與建築專業團隊依據歷史照片進行修復，恢復其 1920 年代的歐式紅磚殿堂。2011 年 8 月重新開幕並命名為文化站首爾 284 。(284 代表其作為第 284 號指定文化財的歷史地位)

都市再生裏的記憶工程——首爾益善洞

1914 年制定洞名時，此處是漢城府中部旌善坊管轄的東里益洞，因此取益洞的「益」和旌善坊的「善」合成而成。而最近非常熱鬧的益善洞，就是指位於首爾特別市鍾路區益善洞南部的韓屋村。益善洞自 1920 至 30 年代建造，至今約有 100 多棟韓國傳統家屋聚集在此，保持了原有的隊型，近 100 多年歷史的韓屋村。2000 年初，益善洞還是首爾也鮮爲人知的安靜的韓屋村。但是隨着現有的韓屋全部衰落和周邊鍾路商圈的開發，該地區也被認為有開發的必要性。

因此，首爾特別市在 21 世紀初制定了拆除現有韓屋，實施再開發事業，建設公寓園區的計劃。大概從 2010 年代中期開始，以益善茶爲開端，開始有一些企業改造部分韓屋後經營飾品店或小咖啡廳等。隨着商圈的發展，大量年輕的店家入駐，社交媒體文化發達，在益善洞一帶的韓屋經常拍攝各種電影、電視劇、廣告，慢慢成爲了首爾市中心的新約會場所和旅遊商圈。

首爾的都市更新並非單一政策主導的結果，而是政府、專業者與市民多方協力之下，長期累積出的文化能量與空間創造。從東大門到聖水洞、從清溪川到韓屋村，每一個空間的轉化背後，都蘊藏着對城市歷史的尊重與對未來生活的想像。這些努力也讓首爾在全球創意城市網絡中佔有一席之地，成為文化都市治理與永續發展的參考範例。

增補資料

七大空間目標

透過《2040 서울도시기본계획》，進一步了解首爾市如何計劃與實行打造一個宜居、可持續且具有全球競爭力的現代化都市。為實現上述願景，計劃提出以下七大空間目標：

打造步行生活圈：在首爾全市推動「步行生活圈」概念，讓市民在 30 分鐘步行範圍內即可享有居住、工作、教育、購物、休閒等多元功能，提升生活便利性與社區自足性。

重塑水岸空間：重新評估並活化首爾的水岸資源，如漢江及其支流，恢復生態環境，並將其轉變為市民休憩與文化活動的空間。

立體化基礎設施：推動地面鐵路的地下化，並在其上方建設公共空間，以解決城市分隔問題，並創造新的可用土地資源。

發展未來成長據點：強化首爾三大核心區域（市中心、汝矣島、江南）的功能，並在東北、東南、西北、西南等地區建立創新走廊，促進區域均衡發展。

應對技術發展：積極引入自動駕駛、都市空中交通（UAM）等新興交通技術，並建設相應的基礎設施，以提升城市的智能化水平。

準備未來危機：針對氣候變遷、人口結構變化等未來可能面臨的挑戰，建立彈性且可持續的城市發展策略，確保城市的長期穩定與繁榮。

實現多樣化城市面貌：改革現有的用途區劃制度，允許更靈活的土地使用與建築設計，鼓勵創新與多樣性的城市景觀發展。

實施策略

為確保計劃的有效推行，首爾市將透過以下策略：

市民參與：廣泛收集市民、專家與行政機關的意見，確保計劃反映多元需求。

政策整合：將都市計劃與社會、經濟、環境等政策領域相結合，形成綜合性的發展策略。

彈性調整：根據實際情況與未來趨勢，適時調整計劃內容，保持其前瞻性與適應性。

補充

《2040 서울도시기본계획》（2040 Seoul Urban Master Plan）是首爾市政府為未來 20 年城市發展所制定的最高層級法定空間規劃。該計劃旨在提升市民生活品質，並強化首爾在全球的城市競爭力。其核心願景為：

宜居的首爾 ，世界中的首爾 (意譯)

살기 좋은
나의 서울 ,
세계 속에
모두의 서울 ,

強調在地生活的幸福感與全球都市的領導地位。

6.2 韓屋與現代建築的對話

提到韓國的傳統建築屋（Hanok），多數人會想到翹起的屋簷、暖炕與韓紙及韓式木格窗。在全羅北道全州的韓屋村，以及首爾的北村，算是保留完整街區氛圍的韓屋聚落。

全州為朝鮮王朝實際創建者李成桂的祖籍地。全州韓屋村是韓國保存規模最大、最完整的韓屋聚落，有超過 700 棟韓屋保留至今。根據韓國文化遺產資料，全州韓屋村於 2010 年被納入「慢城（Slow City）」名錄，強調在自然與傳統中追求慢活生活。它既是文化遺產，也是當代生活空間：你可以住在韓屋裏、吃韓定食、體驗書法、製作韓紙。與此同時，全州政府並非只把韓屋村當作旅遊資源，還推動各種「居住型文化遺產保存」計劃，鼓勵居民保留房屋風貌並從事與文化相關的產業，即是我們常聽到的 HANOK STAY。

全州韓屋村是現時仍保存着古老面貌的全州韓屋村，共有七百餘座的韓國傳統建築韓屋聚集於此，也是傳統文化都市，住在韓屋、在全羅北道全州的韓屋村，以及首爾的北村，算是保留完整街區氛圍的韓屋聚落。穿着韓服於韓屋村穿梭、漫步於全州韓屋村之中，滿街的男男女女都是穿韓服，令人看到好像是現代人穿越回到古時的錯覺。

提起韓屋（Hanok），人們常聯想到傳統木造建築、翹起的屋簷與靜謐庭院，而首爾的北村韓屋村正是這樣一類型。首爾北村韓屋聚落位於景福宮與昌德宮之間，是朝鮮王朝兩班貴族的居住區，特色為緊密錯落的韓屋與曲折巷弄。

1970 年代的都市開發一度威脅了這片歷史街區。1983 年，韓國政府首次將部分北村列為文化財保護區，自此開始一場漫長的保存與再生實驗。保育的策略包括補助韓屋修復費用。2000 年開始，首爾市政府開始實施補助修復、訂定風貌保存原則，並引入文化創業者進駐，使韓屋重新成為生活與文化融合的空間，而非僅供展示的古蹟而是人們可持續的使用的「生活空間」。

今日的北村已是熱門旅遊景點與攝影勝地，在都市中與自然、傳統共存的平衡中，挑戰不斷。

韓屋分布密集，屋頂之間錯落有致，充滿生活氣息，帶來的挑戰更大：一方面是首爾核心地段的高租金連帶消費物價壓力，另一方面是觀光過熱所帶來的「空間商品化」問題。過度單一化商品化令人工製造容易令原有風格失色，同時觀光過熱帶來因噪音污染、禮儀、清潔、擅闖民宅等影響住民生活問題，矛盾產生。所以由 2025 年 3 月開始，下午 5 點至隔天早上 10 點，將限制遊客出入被稱為「紅色區域」，即位於景福宮和昌德宮之間的正讀圖書館後方，是居民居住的韓屋密集區，除住宿的客人和商店顧客外，違規的遊客將被處以 10 萬韓元的罰款。

6.3 從工廠到文化地標——釜山的文化複合空間

韓國過去的工業時代遺址，如今已悄然成為文化再生的重要場域。

釜山的中區和影島區是釜山的舊區之一，不少地方仍可感受釜山近現代歷史文化，除了人人皆知的甘川文化村之外，中區和影島區有一些都市再生和保育項目，在這幾年慢發展之下逐漸成型。與韓國其他城市相比，釜山的文化複合空間具故事個性而且集中。以釜山的例子，觀察文化創意產業如何在創造「新」的內容的同時，讓「舊」的素材能夠重新注入新活力、價值和意義。以下是部分釜山的案例：

釜山的 F1963

釜山的 F1963 是最具代表性的成功案例之一。這座前身為「高麗製鋼釜山工廠」的舊工業區，翻新後保留原有鋼構、天窗與鐵梁，改建成集展覽、表演、書店、餐飲及設計品牌於一體的複合空間

這樣的空間不只是「漂亮」，更具有時間的厚度與文化的實驗性。F1963 曾作為 2016 年釜山雙年展的場地，吸引大量國內外觀眾，也成功將老工廠轉化為當代藝術的孵化所。特別一提現代汽車的「現代汽車文化中心釜山」同設於 F1963，這裏有不同體驗，包括各種與現代汽車文化有關的藝文內容的策展，以“Design to live by”文化主題的設計展。

釜山影島

影島區以影島大橋與中區相連，左以南港大橋與西區連接，加以釜山港大橋與南區連接，沒有地鐵，主要靠巴士代步。影島大橋、大平洞（現：奚琴藝術村）、白淺灘文化村、蓬萊渡口路等地方都蘊含着不少韓國近代歷史上的故事。

釜山影島區大平洞一帶是韓國歷史上其中一個最早以有造

船與修船工業的村莊，修理船隻時發出「噹噹」的響聲，而村莊名字就「깡깡」來命名。在日治時期前後開始，吸引不少日本船隻，在這作中途補給及修理船隻，而第一間的現代化造船廠「田中船廠」，是當年日本人在此成立，慢慢這村莊因這工業面熱鬧起來。全盛時間，不論男士或婦女，都因家計而投入修船工作，不過隨着時代改變、需求減少和人口老化等原因，村莊也冷清下來，市政府為了保留當區的歷史，讓本地人和遊客了解釜山的歷史，自 2021 年開始以影島文化都市進行藝術與文化保育。自 2021 年開始，大大小小的影島文化都市項目逐一開展，善用空間之餘，也達文化保育和以本地藝術重新注入生命力，同時也帶動了同區的都市再生文化項目的發展。

現時更吸引了不少喜歡藝術、創作的年青人進駐，這一個地方，每一次到訪，都會找到一些驚喜。2023 年開始，釜山影島區沿蓬萊渡口路一帶的舊船業倉庫慢慢形成了影島咖啡街，因為 Momos coffee 進駐而聞名，沿路也有不少文青品牌的複合空間進駐，沿蓬萊渡口路是船隻停泊的海旁，都是富有歷史故事的小區。

2019 年 8 月無名日記複合式文化空間開放，翻修了 1959 年建造的保稅倉庫（보세창고），在近代港口倉庫林立的釜山影島倉庫羣中可以看到多種文化時代變化的記錄，是

咖啡廳，也會舉辦不同的文化演出、藝術展示、社區活動等，支援釜山及影島地區的本地文化、藝術活動。

2022 年 1 月，MOMOS COFFEE（釜山代表的咖啡品牌）於影島開設了 Momos Roastery & Cubby Bar，這裏是影島海港舊船業倉庫改建而成，所以樓底特高而且具空間感，與溫泉川總店設計完全不同，室內空間有點像是咖啡工廠，以白色牆壁和玻璃牆體爲主素材，簡約設計，有點像展廳，同時創造了能夠感受到 Momos coffee 理念、獨特咖啡生產環境和與客人的溝通空間。Momos coffee 也是釜山具代表性的咖啡品牌之一，與釜山多個都市再生空間的新故事都有關係，例如於 2024 年 9 月開幕、舊釜山市長官邸改造的文化藝術空間 (DOMOHEON)，此品牌是唯一釜山品牌進駐。

影島 AREA 6（아레아식스）

三進是釜山兩大魚糕品牌之一，三進魚糕在蓮萊市場起家，有超過 60 年的歷史，總店及自家工場在影島，總部更設有店舖、堂食餐廳、體驗館和歷史館。店內有一個以玻璃牆設的大廚房，可以直接看到師傅們即場製作各式各樣的魚糕，每 15 分鐘都會有新鮮的魚糕出爐。

釜山魚糕體驗歷史館就在影島店旁邊，直上二樓，有不同的展示，可以了解三珍魚糕的歷史和釜山歷史的關係。

位於在三進魚糕影島總店及歷史體驗館旁的影島 AREA 6，2021 年 2 月啟動，是三進魚糕進行新的「影島復活計劃」中的一部分。AREA6 是 “artisian alley that illuminates the area.” 縮寫，代表匠人品牌、影島巷弄與時間空間，這裏地方雖少，但進駐了釜山歷史悠久的品牌和產品，有很多歷史悠久的韓國工匠品牌也是出自釜山，複合文化空間正正提供一個新的方式，向來訪的朋友展示釜山匠人的優質產品和品牌故事。例如：韓國代表性毛巾品牌松月、釜山地區品牌顏色的名家朝光油漆出品的 MT 膠帶等，都曾進駐 AREA6，另複合文化空間有常駐品牌店，也有快閃形式進駐的期間限定店。

釜山老區之一中央洞

位於中央洞的 Notice 1950，是改造了 1950 年代被用作大米倉庫，現在成為包含天台花園的複合文化空間，保留老建築的，注入新的靈魂。二樓及三樓的位置，可在窗邊可以欣賞到釜山港的全景為特色，也有三樓的空間特別，半開放但又像小房間的間隔。韓劇《三流之路》在內的各種電影、電視劇、廣告拍攝地而聞名，最近 1 樓的文化複合空間常常作為舉行地區文化活動的場地。不時與 ODA 有關、地區發展的培訓活動在此舉行。

釜山近現代歷史館（本館及別館）

舊韓國銀行釜山本部建築於 1963 年 12 月作爲韓國銀行釜山本部建成，由韓國建築師李天承設計，建築充分體現了 20 世紀 60 年代金融建築的樣式，這代表了開港城市釜山地區金融金融建築，具有巨大的歷史、地區、經濟史價值和意義，被評價爲具有極高建築史價值的建築，被指定爲釜山市文化遺產。這裏作爲具有深遠歷史意義的場所，曾是日佔時期朝鮮銀行釜山分行，見證了在韓國戰爭時期兩次貨幣改革。2013 年韓國銀行釜山本部搬遷至門峴洞後，釜山市收購了該建築，隨後建成釜山近現代歷史館並開館。現在的檔案室原本是韓國銀行釜山本部的金庫，後來被佈置成了展示韓國銀行建築歷史和當時資料的展示室。(參考資料來源：韓國銀行檔案室)

昔日的韓國銀行金庫的一樓，已成為 CASA BUSANO 金庫咖啡廳，二至四樓為展示館，以釜山近現代史的特色內容爲主題，包括韓國最初開港地釜山的歷史、海洋首都釜山的歷史、不同時期的歷史運動和從開放港口到現在引領大韓民國近現代史的釜山人隱藏的故事等。CASA BUSANO 品牌主旨是為釜山文化人們在保存釜山的當地文化的同時，打造新藝人的場所，建築內仍保留當年的金庫空間，左側的金庫空間成為了韓國銀行檔案展示室，訪客可以簡單了解有關昔日的韓國銀行金庫的歷史軌跡；而右側的金庫空間成為了 CASA BUSANO 甜點空間，可以購買不同以金庫和金條主題設計的甜點，是今年最熱門和具釜山特色的手信之一。來到 CASA BUSANO 釜山近現代歷史館店，可以體驗的不只是各式各樣的招牌咖啡和甜品之外，還可以享用到茶飲、期間限定特飲、威士忌和雪茄。釜山近現代歷史館別館現已是結合圖書館、記錄館、博物館供市民休閒與體驗文化藝術的複合文化空間，並於 2023 年 3 月 1 日重新開館。一樓是圖書館，二樓是常設展示區、自修閱讀空間及特別展空間，不定期會舉辦書展、閱讀工作坊、藝文表演等文化活動。

參考資料來源：

www.erc.re.kr/webzine/vol33/sub15.jsp

6.4 慶州的文化遺產：「活化」模式數碼實驗

慶州的歷史與文化遺產

在韓國東南部歷經新羅王朝將近千年的歷史，是一座被稱作「戶外歷史教室」的文化古城。作為新羅王朝近千年的首都，慶州擁有豐富的歷史遺產和文化資源。然而，隨着時代的變遷，如何讓這些靜默的文化遺產在現代社會中重新煥發活力，成為近年慶州面臨的重要課題。

慶州的歷史與文化遺產

慶州歷史遺跡地區於 2000 年被聯合國教科文組織列為世界文化遺產，涵蓋五個主要區域——包括南山、月城（沃星）、大陵苑（古墳群）、皇龍寺（佛教寺廟群）和山城（防禦設施）——納入世界文化遺產，充分彰顯了當地在佛教建築、皇家陵墓與防衛構造方面的獨特價值。其中，大陵苑地區的天馬塚是唯一可進入參觀的古墳，出土的天馬圖被視為韓國古墳中最珍貴的畫作之一。

此外，佛國寺和石窟庵作為新羅佛教藝術的代表，於1995 年被列為世界文化遺產。

數碼化與智慧旅遊的推動

為了讓更多人了解並體驗慶州的文化遺產，慶州市政府積極推動數碼化與智慧旅遊計劃「경주로 ON（慶州路ON）」智慧旅遊平台。「慶州路 ON」是一個結合 AR 導覽、智慧體驗和遊戲化元素的，讓遊客可以透過手機探索附近的餐廳和體驗場所，並獲得文化遺產的 AR 導覽，深入了解慶州的代表性文化遺產。

此外，慶州也積極推動文化遺產的數碼保存與展示，例如透過 3D 掃描技術對古蹟進行數碼建模，並在網路平台上展示，讓更多人可以在線上參觀，提升文化遺產的可及性。對旅遊計劃中的用家，使用手機應用程式中提供的虛擬參觀路線，提升非現場遊客的觀賞與學習機會。경주로 ON 平台目前會員已突破 10 萬人（截至 2025 年 5 月）

永續發展與社區參與

慶州在文化保育策略中強調在地社區的參與。像是良洞村（Yangdong Folk Village）作為完整保留朝鮮時代傳統文化與自然環境的韓國最大的集姓村，至今仍有居民居住，並保有眾多國寶、寶物、民俗資料等文物與古蹟。村內還設有儒教學堂、傳統體驗和韓屋民宿等，讓遊客可以深入體驗當地的傳統文化。

此外，慶州市政府也積極與社區合作，推動文化遺產的保護與活化，並提供相關的教育和培訓，提升居民對文化遺產的認識與參與度，實現文化遺產的永續發展。

慶州擁有豐富的文化遺產和歷史資源，透過數碼化、智慧旅遊和社區參與等多元策略，慶州正努力讓這些文化遺產重新注入新能量，成為現代社會中充滿活力的一部分。未來，隨着科技的進步和社會的發展，讓人們以更多創新方式欣賞獨有的 K-content。

6.5 光州——當媒體藝術創意遇上城市的民主創傷記憶

在韓國的西南方，有一座城市承載着深刻的歷史記憶。1980 年 5 月，光州爆發民主化運動，在當時的軍事政權下，民眾遭受血腥鎮壓，留下難以癒合的創傷。然而如今，光州以媒體藝術為媒介，從另一角度，讓過去不只是被緬懷，更能被體驗與反思。

從記憶城市到創意城市—光州的轉型

在 2014 年光州成為聯合國教科文組織創意城市網絡（UCCN）中的媒體藝術城市，正式將媒體藝術納入長期城市治理與文化創生策略中，媒體藝術與光州有着特殊的契合，不是單純的視覺展示，而是一種公開、互動的媒介，挑戰傳統博物館中被動的觀看方式，使市民成為歷史的共同創作的一其中一員，觀眾也成為共創的一員。對光州而言，這樣的藝術形式，正好提供了一種全新的、面對 1980 年民主化運動的方式——不只是紀念，而是「重現」與「共同再造」。

光州民主運動的集體記憶與再現

光州最知名的民主歷史記憶場域，是「國立 5·18 民主墓地」與「5·18 紀念館」，而更深入城市脈絡的，是那些由藝術與科技轉化而來的敘事實驗。例如，每年的「光州媒體藝術節」（Gwangju Media Art Festival），會邀請國內外藝術家進行創作，許多作品直接以 5·18 事件為題材，將過去的錄像、影像、新聞報導，經由投影、互動、虛擬實境等手法，重新構築當年群眾在街頭的集體感受。

G.MAP—媒體藝術的新基地

2015 年，光州成立了「光州媒體藝術平台」（Gwangju Media Art Platform, G.MAP），將舊市政府大樓改為「光州媒體藝術平台」（G.MAP），重構空間功能、象徵意義和公共教育功能。

G.MAP 提供藝術家駐村、展覽、媒體實驗室與工作坊等多功能空間，並不定期舉辦國際論壇與展演活動，成為光州創意城市政策的核心據點。

2021 年，在 G.MAP 舉辦的《5·18：記憶之後》（Memory After May）展覽，就邀請了多位國際媒體藝術家，利用 AI 技術、演算法影像、互動聲音裝置等，重構與詮釋 5·18 當年的歷史場景與媒體再現方式。

公共藝術與市民參與

「市民共同創作」是光州 UCCN 政策的核心之一。市政府與亞洲文化殿堂（ACC）合作，推動一系列媒體藝術教育計劃，特別是針對青少年與退休長者族群，希望讓不同世代都能以自己的方式參與歷史的重述。光州的街道、廣場、公園，成為創作與呈現的場域。例如在忠壯路

（Chungjang-ro），每年春天都會舉辦開放式的媒體藝術走廊，展示學生與市民共同創作的光影作品，其中不乏以 5·18 作為靈感的創作，讓市民走在街上，就能參與一場公共記憶的集體演出。實地探索光州和欣賞不同方式的媒體藝術展示，相信是最直接的方式。

探索光州

光州是象徵韓國民主與人權的城市，提起光州，韓國人首先想到的就是 1980 年的「5 · 18 民主化運動」（5·18 광주 민주화 운동），直到 2020 年一光州事件 40 周年，總統文在寅出席紀念儀式時表示將繼續全力查明事件真相，包括調查是誰下令向民眾開槍等，事件的真相調查和後遺仍然對韓國人民的生活和價值觀帶有不同程度的影響；對於外國人來說，側面了解光州歷史的其中一個途徑就是以 5 · 18 民主化運動歷史背景為題材的韓國電影，如《薄荷糖》（1999 年）、《華麗的假期》（2008 年）、《26 年》（2012 年）、《逆權大狀》（2013 年）、《逆權司機》（2017 年）、《1987：逆權公民》（2017 年）、《五月的青春》（2021 年）等。

1980 年 5 月 18 日發生光州事件，又稱五一八光州民主化運動，近年外國人對光州這個地方認知增加，都是從電影《逆權司機》開始；如想從電影內容先了解一個大概，建議可以先看看以1980年光州事件為背景的《逆權司機》與《華麗的假期》，再看以1987年六月民主運動為背景的《1987》，這樣可以稍為韓國的民主化運動過程。時至今天，光州的街道上仍留有不少與當年歷史的痕跡，嚴格來說，歷史事件的後遺帶到今天，仍然未被完全解決。

光州不論在本地或國際，在文化、藝術、歷史領域上都有特別的意義；於2011年5·18民主化運動及其記錄文物被寫進聯合國教科文組織世界紀錄遺產，無論是記錄式的文物，或是城內的大街小巷，或是在透過藝術展覽及活動紀念1980年的光州518民主事件，以展現光州民主精神文化價值的國際藝術活動，都可以塑造獨一無二探索光州的散策路線。

在光州街道，有不少地方都以5·18為首命名，因為這些地點都與當時光州民主化運動的歷史有很大的關係，大部分都是增經歷風霜的現場，而非單純的紀念景點。其中一個就是5·18自由公園，這是一個以歷史原址而建的紀念公園，有自由館資料室有關當年的照片與遺物、以自由館（5·18 자유관展覽廳）講述光州事件的始末、重建當年軍事法庭以及禁閉室等 —— 曾關押與審判抗爭者的場所，今日用展覽形式讓人能穿越回當年情境 。

Gwangju Biennale（광주비엔날레）

自 1995 年開始的光州雙年展成為了光州文化藝術的傳統延伸，透過藝術展覽及活動紀念 1980 年的光州 518 民主事件，是展現光州民主精神文化價值的藝術展覽會，藝術與普世人文價值密不可分，以不同的空間展出創意與實驗性當代美術作品，以展現對人權、民主、自由的普世人權價值。

韓國光州雙年展已成為亞洲最具規模之當代藝術雙年展，2021 年的第 13 屆光州雙年展主題為「心智提升，精神協調」（Minds Rising, Spirits Tuning），旨於「透過藝術與理論的方法，檢驗延伸心智的餘像」。雙年展展覽館主要設在雙年展展覽館及國立亞洲文化殿堂，而根據主題及展覽需要，都會設在中外公園、國立光州博物館、市立美術館，光州歷史民俗博物館等地方。

第 13 屆光州雙年展的重點展覽館之一的「主題館計劃」(Pavilion Project)，由韓國，以及台灣地區兩個地方的藝術家共同策劃名為「雙迴聲」的主題展覽，希望透過三種不同的表達方式:「身體／敘事」、「語言／意識」、「歌謠／詞曲」等在不同時空事件中留下的迴聲殘響，讓參觀的人有另類反思的體驗，當中包括韓國本土，以及沖繩、台灣和香港等地區的訪問，記錄普通市民的敘事。

參考資料來源：

- UNESCO Creative Cities Network – Gwangju：https://en.unesco.org/creative-cities/gwangju
- 光州媒體藝術平台 G.MAP：https://gmap.gwangju.go.kr
- 光州 5 · 18 民主運動紀念館（5 · 18 기념재단）：https://www.518.org/
- 韓國文化體育觀光部《2022 UNESCO 創意城市政策白皮書》：https://www.mcst.go.kr
- Gwangju Biennale & Media Art Festival：https://www.gwangjubiennale.org/

6.6 創意城市的縮影——釜山影像文化創造

釜山，這座韓國南部的港口城市，長久以來以其壯麗的海岸線和繁忙的港口聞名。自 2014 年被聯合國教科文組織（UNESCO）指定為「創意城市網絡」中的「電影之都」以來，釜山積極推動影像文化的發展，成為亞洲影視產業的重要樞紐。

釜山國際電影節——亞洲電影的燈塔

釜山國際電影節（Busan International Film Festival, BIFF）自 1996 年創辦以來，逐漸躍升為亞洲最具影響力的影展之一。該電影節致力於發掘和推廣亞洲新銳導演，提供他們展示作品的平台。例如，BIFF 的「新潮流」（New Currents）單元專門為亞洲新導演設立，鼓勵創新和多元的電影創作。此外，BIFF 還設有「亞洲電影市場」（Asian Film Market）和「亞洲電影學院」（Asian Film Academy），不僅為電影人開拓商業機會，也促進國際合作和學術交流。釜山的都市再生政策強調創意經濟與社區參與的並進，市政府與 BIFF 聯手舉辦「影像製作實驗室」、「國際影像人才育成計劃」，將地方青年納入全球影像產業的生態中。

影像文化基礎設施的建設

為了支持影像產業的發展，釜山建立了完善的基礎設施。釜山電影委員會（Busan Film Commission）是亞洲首個電影委員會，致力於吸引影視製作公司，提供拍攝支援和政策協助。此外，釜山還設立了亞洲電影學校（Busan Asian Film School），提供專業的電影製作培訓，培養亞洲地區的電影人才。

AFiS 於 2016 年在釜山成立，旨在促進亞洲電影人才的交流與合作。學校提供多樣的課程，包括國際電影商業學院（International Film Business Academy）、釜山電影學院（Busan Film Academy）以及針對亞洲年輕人才的亞洲電影製作工作坊（Asian Filmmaking Workshop）等，為學生提供從製作到發行的全方位培訓，部分課程是有支助或獎學金支持。

社區與市民教育的推動

除了專業課程外，AFiS 也重視社區參與與市民教育。學校與釜山國際電影節（BIFF）合作，舉辦「CHANEL X BIFF 亞洲電影學院」，每年選拔 24 位來自亞洲各國的有潛力的電影製作人，參與短片製作、工作坊、導師指導和大師班等活動。完成的短片作品將在釜山國際電影節上正式放映，讓市民有機會觀賞並參與討論。此外，AFiS 也與地方社區合作，開展電影放映、講座和工作坊等活動，包括電影欣賞、電影製作、市場推廣、字幕翻譯、STORY-TELLING 等，提升市民對電影藝術的認識與興趣，同時做到對未來電影人的職前教育。這些活動和課程不僅豐富了市民的文化生活，也促進了社區的凝聚力。筆者也曾參加過一個為期 8 週的國內電影市場推廣專門養成講座課程，由業界分享實際經驗。得到豐富的第一手、來自實務講者的經驗分享。

BIFF 參考資料 : https://www.biff.kr/

6.7 創意城市網絡——了解文化與地方的再生關係

自 2004 年聯合國教科文組織（UNESCO）創立「創意城市網絡」（UNESCO Creative Cities Network, UCCN）以來，韓國多座城市積極參與，將創意視為推動可持續發展的核心動力。截至 2024 年，韓國共有 12 座城市被納入 UCCN，涵蓋設計、電影、音樂、美食、文學、媒體藝術、工藝與民間藝術等七大領域。這些城市透過各自以自身強項領域發展文化特色，成功結合都市再生、社區參與與國際合作，創意產業的發展，不僅重塑了自身的城市形象，也為居民帶來了新的生活方式與經濟機會，相互影響文化政策與地方創意轉型。

首爾——設計驅動的都市轉型

作為韓國的首都，首爾於 2010 年被指定為「設計之都」。首爾的設計產業涵蓋資訊科技、數位家電、汽車產業等多個領域，成為城市經濟的重要支柱。首爾市政府積極推動設計政策，設立了「首爾設計中心」，並舉辦「首爾設計週」等活動，促進設計產業的發展與國際交流。

釜山 —— 從港口城市到電影之都

釜山於 2014 年被認定為「電影之都」，這座港口城市以其豐富的電影資源和基礎設施聞名。釜山國際電影節（BIFF）自 1996 年創辦以來，成為亞洲最具影響力的電影節之一，致力於發掘和推廣亞洲新銳導演。此外，釜山還設有亞洲電影學院和電影委員會，提供專業的電影製作培訓和拍攝支援，吸引國內外的電影製作團隊前來拍攝。

光州 —— 媒體藝術與民主精神的交融

光州於 2014 年被指定為「媒體藝術之都」，這座城市以其民主運動歷史和藝術文化聞名。光州積極推動媒體藝術的發展，設立了「光州媒體藝術中心」，並舉辦「光州媒體藝術節」等活動，促進市民參與和國際交流。媒體藝術在光州不僅是一種創意表達，更是民主精神的延伸，體現了市民參與和社會對話的重要性。

全州與江陵 ——
美食文化的保存與創新

全州於 2012 年被認定為「美食之都」，以其傳統韓食和飲食文化聞名。全州積極推動飲食文化的保存與創新，設立了「全州飲食文化館」，並舉辦「全州韓食文化節」等活動，吸引國內外遊客前來體驗。江陵於 2023 年也被指定為「美食之都」，這座東海岸城市以其海鮮料理和咖啡文化聞名，透過美食推動城市品牌和觀光產業的發展。

原州與富川——文學之城的文化再生

富川於 2017 年被認定為「文學之都」，這座城市以其漫畫和動畫產業聞名，透過文學與影像的結合，推動文化產業的多元發展。原州於 2019 年被指定為「文學之都」。原州積極推動文學文化的發展，設立了「原州文學館」，並舉辦「原州文學節」等活動，促進市民的文學創作和閱讀風氣。

利川、金海與晉州——工藝與民間藝術的傳承

利川於 2010 年被指定為「工藝與民間藝術之都」，這座城市以其陶瓷工藝聞名，設有「利川陶瓷村」和「利川陶瓷博物館」，致力於傳統陶瓷技藝的保存與推廣。晉州於 2019 年也被指定為「工藝與民間藝術之都」，這座城市以其傳統舞蹈和音樂文化聞名，透過文化活動和藝術教育，推動地方文化的再生。金海於 2021 年被認定為「工藝與

民間藝術之都」，這座城市以其傳統工藝和文化遺產聞名，透過工藝展覽和教育活動，促進市民對傳統文化的認識與參與。

統營與大邱——音樂之城的創意實踐

統營於 2015 年被指定為「音樂之都」，是作曲家尹伊桑的故鄉，以其古典音樂和現代音樂的融合聞名。統營設有「統營國際音樂節」和「尹伊桑音樂廳」，成為音樂愛好者的聚集地。大邱於 2017 年也被認定為「音樂之都」，以其流行音樂和音樂教育聞名，設有「大邱音樂創意中心」，並舉辦「大邱音樂節」等活動，推動音樂產業的發展。

韓國的創意城市透過文化與創意產業的發展，不僅重塑了城市形象，也為居民帶來了新的生活方式和經濟機會。這些城市在保存傳統文化的同時，積極推動創新與國際交流，展現了文化多樣性和包容性的價值。

增補資料

截至 2024 年，韓國被列入 UCCN 的城市及其領域如下：

- 媒體藝術（Media Arts）：光州（Gwangju, 2014）
- 電影（Film）：釜山（Busan,2014）
- 美食（Gastronomy）：全州（Jeonju, 2012）、江陵（Gangneung, 2023）
- 設計（Design）：首爾（Seoul, 2010）
- 文學（Literature）：富川（Bucheon, 2017）、原州（Wonju, 2019）
- 工藝與民間藝術（Crafts and Folk Art）：利川（Icheon, 2010）、晉州 (Jinju, 2019)、金海（Gimhae, 2021）
- 音樂（Music）：統營（Tongyeong, 2015）、大邱 (Daegu, 2017)

了解更多世界上不同組別的城市，

可參考 https://www.unesco.org/en/creative-cities/grid

6.8 韓國文化政策的轉向與 SDGs

韓國近年逐步調整文化政策方向，在聯合國永續發展目標（SDGs）的框架下，韓國正逐步將文化政策與地方創新結合，探索人文地景與永續發展的交會點，結合地方創新與永續理念，試圖在文化再生與社會發展之間取得平衡。

從 K-SDGs 到文化政策的整合

韓國政府自 2015 年起積極推動 SDGs 的在地化，制定了「韓國永續發展目標」（K-SDGs），以 14 項策略目標涵蓋環境、社會與經濟三大領域，強調政策間的協同效應與整合性。文化政策在此框架中扮演關鍵角色，成為促進社會凝聚、經濟發展與環境保護的橋樑。

例如，韓國文化體育觀光部（MCST）將文化視為永續發展的核心元素，推動文化資源的保護與活化，並鼓勵地方政府將文化納入永續發展策略中。這種政策整合促使文化不再僅僅是藝術與娛樂的代名詞，而是成為推動社會與經濟永續的動力。

地方文化政策的制度化

自 2019 年起，韓國文化體育觀光部依據《地方文化振興法》，推動「文化城市發展計劃」，旨在透過文化資源的有效利用，提升地方的文化創造力。截至 2023 年，已有 24 個地區被指定為法定文化城市，這些城市在五年內可獲得最多 20 億韓元的政府與地方支援。這項政策的核心在於「以市民為中心」，強調地方政府與市民組織的合作，共同制定「地方文化發展綜合計劃」，以文化視角推動地方發展。

韓國於 2021 年制定了第一個《文化多樣性保護與促進基本計劃》，由文化體育觀光部與其他 10 多個部門合作，推動文化多樣性的保護與促進，該計劃涵蓋了改善弱勢群體對文化設施與媒體的可及性、保存方言與特殊語言、活化傳統文化產業等多項措施，盡力顧及了文化政策在社會包容與創新中的作用。

地方創新中的文化實踐

全州：傳統文化的現代轉化

全州市透過「傳統文化城市計劃」，成功將傳統文化資產轉化為現代城市發展的核心。該計劃不僅復興了當地的傳統建築與工藝，還促進了地方經濟的活化與社會整合。此外，全州被認證為「國際慢城 SLOW CITY」，進一步強化了其在環境與文化永續方面的形象。全州市的「傳統文化城市計劃」是韓國文化政策與地方創新結合的典範，透過維護韓屋村，推動傳統文化的現代轉化，不僅保存了傳統建築，還促進了市民對地方文化的認同與參與。全州市每年吸引超過 600 萬名遊客，並創造了約 1,000 個直接就業機會與 3,500 個間接就業機會，對地方經濟帶來積極影響。

釜山甘川文化村：社區參與的再生典範

釜山的甘川文化村原為戰後難民聚居地，經過社區參與與藝術介入，轉型為充滿創意的文化空間。該地保留了原有的建築結構，並透過壁畫與裝置藝術賦予新生命，成為社區再生與文化旅遊的成功案例。

坡州出版城：文化產業與地方發展的結合

位於京畿道的坡州出版城是韓國政府支持下的文化產業聚落，集結了出版、設計與藝術等領域的企業。該地區不僅促進了文化產業的發展，還成為文化旅遊的熱門景點，展示了文化政策與地方經濟的協同效應。

文化政策的未來展望

韓國在文化政策與永續發展的結合上已取得初步成果，但仍面臨挑戰。例如如何在全球化與在地化之間取得平衡？如何確保文化多樣性的保存與發展？以及如何促進社會各界的參與？如何平衡過度發展對在地人原有生活方式帶來的影響與矛盾等，都是未來需要關注的課題。

增補資料一

有關 SDGs、K-SDGs 和 B-SDGs

韓國在實踐聯合國永續發展目標（SDGs）方面，發展出兩套具有地方特色的策略：國家層級的「韓國永續發展目標（K-SDGs）」與地方層級的「釜山永續發展目標（B-SDGs）」。這兩者皆旨在將全球永續發展目標本地化，結合韓國的社會、經濟與環境特性，推動永續發展。

K-SDGs——韓國永續發展目標

背景與制定：K-SDGs 是韓國政府於 2018 年制定的國家層級永續發展目標，旨在將聯合國的 17 項 SDGs 與韓國的國情相結合。這套目標由韓國永續發展委員會（KNCSD）主導，涵蓋了經濟、社會、環境等多個面向，並強調國民參與與社會共識。

主要特色

- 在地化指標：K-SDGs 將聯合國的 17 項目標細化為 122 項具體目標，並制定了 214 項指標，以便更有效地監測與評估。
- 國民參與：在制定過程中，政府廣泛徵求了公民社會、學術界與企業界的意見，確保目標的可行性與包容性。
- 政策整合：K-SDGs 與韓國的各項國家政策相結合，如「低碳綠色成長基本法」，以推動整體的永續發展。

實踐案例

- 韌性住宅政策：針對不同生命階段和收入層級，提供多樣化的住宅選擇，以實現包容性居住環境。
- 清潔能源轉型：推動能源結構轉型，增加再生能源的比重，減少對化石燃料的依賴。

B-SDGs —— 釜山永續發展目標

背景與制定：B-SDGs 是釜山市政府為了將永續發展理念融入地方治理而制定的目標體系。該目標體系參考了聯合國的 SDGs，並結合釜山的地理、經濟與社會特性，制定了具體的行動計劃。

主要特色

- 地方特色：B-SDGs 強調釜山作為港口城市的特性，特別關注海洋環境保護與海洋經濟的可持續發展。
- 社區參與：透過公民參與機制，鼓勵市民在政策制定與實施過程中發揮積極作用。
- 數據驅動：建立了永續發展指標監測系統，以數據為基礎評估政策效果，並進行持續改進。

實踐案例

- 海洋垃圾治理：推動海洋垃圾清理計劃，並與鄰近城市合作，共同保護海洋生態系統。
- 綠色交通推廣：發展公共交通系統，鼓勵市民使用低碳交通工具，減少城市碳排放。

項目	K-SDGs（國家層級）	B-SDGs（地方層級）
制定主體	韓國中央政府	釜山市政府
規模	全國	地方
目標數量	122 項具體目標	地方特定目標
指標數量	214 項指標	地方特定指標
特色	國民參與、政策整合	地方特色、社區參與
實踐重點	韌性住宅、能源轉型	海洋保護、綠色交通

K-SDGs 與 B-SDGs 共同構成了韓國推動永續發展的多層次策略。前者提供了國家層級的政策框架，後者則將永續理念具體化於地方治理中。透過這種上下結合的方式，韓國致力於實現全面而均衡的永續發展。

增補資料二

部分城市案例

在聯合國永續發展目標（SDGs）的框架下，韓國積極推動文化政策與地方創新的結合，透過多元的文化實踐案例，展現出人文地景與永續發展。以下是幾個具代表性的例子，但同樣地，個別地方因為各種問題和挑戰，如負責機構改組、地區目標更新、支援政策的基金等，而影響項目的持續發展性，部分或有其他轉型。

甘川文化村（Gamcheon Culture Village）

位於釜山的甘川文化村，原為戰後難民聚居地，因地勢陡峭且基礎設施不足而被稱為「韓國的貧民窟」。自 2009 年起，透過社區參與、藝術介入與政府支持，該地區轉型為充滿創意的文化空間。居民、藝術家與地方政府共同合作，進行壁畫創作、空間美化與文化活動，成功吸引遊客，並改善了居民的生活品質。

Heyri 藝術村（Heyri Art Valley）

位於京畿道坡州市，始於 1997 年，由藝術家、作家與建築師共同規劃，旨在打造一個融合創作、展覽、生活與教育的文化社區。村內設有畫廊、博物館、書店、咖啡館與藝術家工作室，並保留自然地貌，強調與環境的和諧共處。吸引了很多遊客與文化愛好者。

松月洞童話村（Songwol-dong Fairy Tale Village）

位於仁川的松月洞童話村，原為老舊住宅區，因人口外流而逐漸衰退。自 2013 年起，地方政府與居民合作，將社區牆面與街道裝飾為各種童話主題，如《小紅帽》、《灰姑娘》等，並設置立體裝置藝術，成功轉型為觀光景點。

三炭藝術礦場（Samtan Art Mine）

位於江原道的三炭藝術礦場，原為 1964 年開採的煤礦，於 2001 年關閉。2013 年，該地轉型為藝術中心，保留原有礦場設施，並展示來自 150 個國家的 10 萬多件藝術品。此再生計劃結合工業遺產與藝術創作，成為文化旅遊的新興景點，並獲得韓國公共設計大獎。

城邑民俗村（Seongeup Folk Village）

位於濟州島的城邑民俗村，保留了朝鮮時代的傳統建築與生活方式。村內居民持續從事傳統工藝、釀酒與農業活動，並舉辦民俗節慶與文化體驗，吸引遊客參與。

參考資料來源：

- Republic of Korea Sustainable Development Knowledge Platform：sustainabledevelopment.un.org
- A Report on Korean-Sustainable Development Goals (K-SDGs) 2019：gcedclearinghouse.org
- The Significance of Cultural Policy — Case Study of South Korea
- Sustainable development through traditional cultural revitalization: Jeonju：obs.agenda21culture.net
- 문화로 지역균형발전 선도 , ‘대한민국 문화도시’ 조성 추진 :https://www.mcst.go.kr/kor/s_notice/press/pressView.jsp?pSeq=19897
- 대한민국 문화도시 ' 추진 동향 :https://www.narasallim.net/project/1387

第7章

深度行走韓國

딥 워킹 코리아

7.0 韓國搜畫——行走韓國

若說「搜畫」是一種凝視風土的方式，那麼，「韓國搜畫」所搜集的，便是韓國人與自然、歷史、社群之間的情感網絡。小時候看過一個日本節目《日本風情畫》或其衍生作《日本搜畫》，每天都是在 6 點半新聞播出之前，播出 15 分鐘的節目，獨立主題的短片，節目內容主要以介紹日本文化、風土人情、工業發展等涉足日本社會各層面。如用這方式把視線轉向韓國，應該也是一個從觀察和體驗，重構對一個地方的理解的方式。

從山到邊界

韓國人對自然的親近，往往從山開始。對韓國人而言，則是心靈的歸屬。不論是漢拏山、北漢山，抑或是遠在北方的 * 白頭山（백두산），登山不僅是一項全民休閒運動，更是一種精神的實踐。根據韓國觀光公社的數據，每年有

超過 1,500 萬人次進行登山活動，這不只是對健康的追求，更是與自然重新連結。

邊界之地的重塑——DMZ 的觀光與和平想像

在韓國的文化地景中，最具探求的空間或許是非軍事區（DMZ）。這條將南北韓劃開的緩衝地帶，長期以來與「緊張」、「封閉」、「對立」等詞彙相連結。然而，近年來，DMZ 正成為「和平旅遊」的象徵性場所。例如京畿道的坡州、臨津江、金浦、江原道的鐵原等地，推動「DMZ 生態和平公園」、「和平觀察所」等設施，讓遊客不僅能了解歷史，也能親身走進自然生態的復甦現場。

參考資料來源：

- 韓國觀光公社（KTO）登山觀光推廣資料（2021）
- 文化體育觀光部，《DMZ 문화생태평화 관광지 개발계획》2022 年報告書

* 現時，韓國人無法直接前往朝鮮境內的白頭山 (中國稱長白山)，因此會選擇前往中國境內的長白山地區旅遊朝聖。

7.1 韓國非戰地帶與軍事區的觀光化轉變

在韓國北部，沿着 38 度線延伸的非軍事區（Demilitarized Zone，簡稱 DMZ），長達 250 公里、寬約 4 公里，宛如一道無形的牆，將朝鮮半島一分為二。自 1953 年韓戰停戰協議簽署以來，這片土地成為世界上最緊張的邊界之一。然而，隨着時間的推移，DMZ 逐漸從戰爭的象徵轉變為和平與生態的象徵，成為韓國觀光與文化再生的重要場域。

從禁區到觀光地：DMZ 的轉變

DMZ 的觀光化始於 20 世紀末，當時南韓政府開始開放部分地區供民眾參觀。例如，位於京畿道的板門店（Panmunjeom）是韓戰停戰協議簽署地，成為遊客了解南北韓歷史的重要地點。當時，韓國鐵道公社（Korail）推出的「DMZ 列車」旅遊計劃，讓遊客能夠搭乘火車前往 DMZ 附近，體驗這片特殊的地區。隨着觀光需求的增加，政府與地方自治體開始推動更多的觀光設施建設之外，近年最注目的就是於 2024 年 11 月開幕、距離 DMZ 最近的星巴克，Starbucks 愛妓峰平和生態公園分店坐落於京畿道金浦市的愛妓峰和平生態公園（Aegibong Peace Ecopark），設有觀景台，遊客可以遠眺北韓的風景。甚至，全球連鎖咖啡品牌星巴克也在此開設分店，成為一個結合觀光與休閒的新地標。

探索臨津江 DMZ 非軍事區漫旅

近一兩年，沿京畿道 DMZ 非軍事區一帶的旅行路線和方式都有不同的變化；板門店至今仍未有計劃重新開放，截至 2025 年 5 月 15 日，據韓聯社報導，韓國統一部表示，因韓朝局勢緊張而暫停的板門店特別參觀項目，將於 5 月 16 日重新啟動。統一部官員指出，本次首先恢復針對統一政策相關人員的特別參觀，至於面向大眾的普通參觀項目，將根據日後情況再行安排重啟時間。在疫情前的各式 DMZ 非軍事區路線的景點也有整合和更新，隨着附近一帶的交通和設施的不斷更新和完整，由 2024 年 7 起，外國人也可以在坡州臨津閣和平世界露營地體驗露營車住宿。坡州和平世界露營場於 2024 年 4 月正式首次開放接待外國旅客，讓外國旅客可以體驗韓國流行的露營之外，也可以自組探索臨津江 DMZ 非軍事區漫旅路線。坡州世界和平公園旁，可選搭乘坡州臨津閣和平纜車（DMZ Gondola），從臨津閣下站出發，穿過臨津江，類近臨津閣的觀光景點有自由大橋、獨開大橋、臨津閣、臨津江平和燈塔、都羅山展望台及第三隧道、DMZ 格里夫斯營（Camp greaves）等及到坡州烏頭山統一展望台，外國人可以通過實地到訪初了解一些以南韓視角記錄有關南北韓歷史的故事。

坡州 DMZ 格里夫斯營（Camp greaves）

坡州的臨津閣和平世界公園旁，就是坡州臨津閣和平纜車（DMZ Gondola）的下站，全長 850 米的纜車，可橫跨臨津江。共有 26 輛纜車，其中普通纜車佔 17 輛，水晶纜車 9 輛，每部可容納 10 人。臨津閣和平纜車是韓國首次連接非武裝地帶的纜車，臨津江到上站下車，纜車站天台設有展望台，可以飽覽橫跨臨津江並連接南北韓的臨津江大橋，及 DMZ 和平列車的鐵路。沿着第二瞭望台、和平亭及臨津江和平燈塔，可步行到由美軍軍營遺址改造成坡州 DMZ 格里夫斯營（Camp greaves），特別推薦參觀 Gallery greaves 紀錄片館，紀錄片館由 3 個館組成，第 1 部分 : 韓國戰爭和 DMZ、第 2 部分 : 格里夫斯營地的記憶及第 3 部分 :DMZ 一帶的駐韓美軍相關內容，非常豐富。截至 2025 年 5 月 15 日，據韓聯社報導，韓國統一部表示，因韓朝局勢緊張而暫停的板門店特別參觀項目，將於

5 月 16 日重新啟動。統一部官員指出，本次首先恢復針對統一政策相關人員的特別參觀，至於面向大眾的普通參觀項目，將根據日後情況再行安排重啟時間。

坡州烏頭山統一展望台

坡州烏頭山統一展望台是一個位於韓國京畿道坡州市的展望台，由民間機構所管理，與大韓民國國軍管理的都羅展望台不同。展望台建於漢江與臨津江附近的烏頭山上海拔 118 米的位置，距朝鮮民主主義人民共和國邊境直線距離只有 460 米，是南北韓非軍事區三八線寬度相距最短的地方，透過屋頂上高性能望遠鏡，可以觀察對面朝鮮人民勞動的狀態。

地方社區的參與與再生

DMZ 的觀光化也帶動了周邊地區的發展。以江原道的鐵原郡為例，當地政府積極推動觀光設施建設，如和平展望台、白馬高地戰跡紀念館等，吸引遊客前來參觀。此外，當地居民也參與導覽、餐飲等服務，促進地方經濟發展。然而，觀光化也帶來挑戰。如何在保護生態與歷史的同時，發展觀光產業，成為地方政府與社區需要面對的課題。因此，推動永續觀光，平衡經濟發展與資源保護，成為 DMZ 觀光化的重要方向。

參考資料來源：

- Korean DMZ Peace and Nature Park - The DMZ Forum：https://www.dmzforum.org/projects/korean-dmz-peace-and-nature-parkDMZ Forum
- The Accidental Nature Preserve of the DMZ - JSTOR Daily：https://daily.jstor.org/the-accidental-nature-preserve-of-the-dmz/JSTOR Daily
- Cheorwon County – Wikipedia：https://en.wikipedia.org/wiki/Cheorwon_CountyWikipedia
- Starbucks Opens New Store with Views into North Korea – People：https://people.com/starbucks-opens-new-store-views-north-korea-8753321

7.2

軍事與自然共存的韓國邊境

沿着非軍事區（DMZ）延伸的邊境地帶，曾經是戰火交鋒的前線，如今卻成為自然與和平並存的象徵。這條長約 250 公里、寬約 4 公里的緩衝區，自 1953 年簽訂停戰協定後長期封閉，意外保護了多樣的野生動植物，使其成為珍稀物種的棲息地。

「和平之路」計劃——讓人類走進不能走的地方

「和平之路」這項計劃由韓國統一部於 2019 年起與國防部、文化體育觀光部及地方政府合作，逐步開放圍繞非軍事區（DMZ），陸續開放高城、鐵原與坡州等環境豐富的地段，提供民眾預約導覽制，讓人們得以踏入這些昔日戰火前線，公眾透過「步行」重新接觸過去，凝視和平的可能。

這些步道所經之地，曾被劃為無人可涉足的灰色地帶。但如今，透過嚴格控管的預約制導覽，旅人得以踏入由自然接管的邊境，例如在江原道高城區，遊客可登上統一展望台，觀賞北韓金剛山沿線地形；而坡州路段則串連起臨津閣、自由之橋與都羅山觀景台，不僅串連歷史場景，也兼顧生態教育與邊界觀察，深入介紹每段線路的歷史背景、生態樣貌及隱藏故事。

隨着持續研究探索路線更多的可能性，在 2025 年 4 月，江原鐵原、華川、楊口、麟蹄、高城 5 個邊境地區新增開通「DMZ 和平之路主題路線」5 條路線，主題路線是利用非軍事區及軍事分界線以北地區的生態、文化、歷史資源而成，參與者將乘坐車輛和步行，同時聆聽隨行解說員的講解，步行段由 2 公里至 4 公里不等。

DMZ 和平世界路徒步

截至 2025 年 5 月為止，韓國政府宣佈開放 12 條名爲非軍事區（DMZ）和平之路的遊覽路線。這一次開放的主題路線包括仁川江華，京畿道金浦、高陽、坡州、漣川，江原道鐵原、華川、楊口、麟蹄和固城等，與非軍事區接壤的路線。主題路線的遊覽將以乘坐車輛的方式進行。在遊覽路線的主要區間會有部隊的保護和陪同，遊客可在該

區域下車並步行遊覽，通過由村民等組成的解說員和嚮導團，瞭解到隱藏在該地區的豐富多彩的故事。在 2024 年的夏天，安排徒步體驗，如和平之路（평화누리길）1 號入口一段至金浦德浦鎮炮台（덕포진 포대）。炮台位置及地形依舊。

參考資料來源：

강원 DMZ 평화의 길 힐링의 문 열린다…접경지역 5 개 코스 개방 https://www.yna.co.kr/view/AKR20250416076051062

注意：需提前進行申請，請安排行程前瀏覽官方網頁的最新資訊。
和平之路官網：www.dmzwalk.com
徒步旅遊手機軟件：durunubi

7.3 韓國三大山：智異山、漢拏山、雪嶽山

在韓國，山岳並非只是自然地景，它們承載着豐厚的歷史記憶、信仰儀式與民眾日常生活。在韓國，山不僅是地理地貌的存在，更是歷史的舞台、信仰的場域、日常的背景。首都首爾周邊即有北漢山、冠岳山、道峰山等郊山網絡密布，但若要談到深植國民意識、具有精神象徵的山，便不能不提韓國的三大名山：智異山（지리산）、漢拏山（한라산）與雪嶽山（설악산）。這三座山，不僅是登山愛好者心中的聖地，同時也在文學創作、影視作品和心靈修行中扮演舞台角色，展現自然、信仰與歷史交織的文化脈絡。

智異山

位於韓半島南部的智異山，地跨慶尚南道、全羅北道與全羅南道，是韓國國內第一座國立公園（1967 年），同時也是最受尊崇的靈山之一。智異山之名帶有「智慧」與「慈悲」之意，與佛教傳統密切相連。歷史上，許多修道者、

隱士、抗日義士，甚至被放逐的知識分子，都選擇在此隱居，使其山林深處既有神秘，也蘊含文化積澱。2021 年播出的電視劇《智異山》（tvN、CJ ENM 製作），一部以智異山為背景，更揉合了懸疑推理、奇幻、情感、山的風俗與環境救援元素韓劇，以山林巡守員為主角，呈現智異山國立公園中的自然與人命救援故事。劇中不僅展現了智異山四季分明的壯麗景致，和韓國人對山林的敬畏與保護意識化為具象的敘事。非常吸引，部分寫實地呈現韓國人與智異山的連結。

漢拏山

濟州島的漢拏山（Hallasan），海拔約 1,950 公尺，是韓國最高峰，坐落於火山島的中心，並形成島嶼的生態與精神象徵。對濟州人來說，漢拏山是歷史性的靈山，早在 1966 年以漢拏山天然保護區的名義被列入韓國天然紀念物，1970 年 3 月 24 日被指定爲國立公園。它是濟州的地理中心。韓國文化遺產廳將其登錄為自然遺產，於 2007 年被聯合國教科文組織列入「世界生物圈保護區」，其火山熔岩洞穴與高山植物帶構成獨特的生態景觀。

雪嶽山

位於江原道的雪嶽山是韓國最具代表性的觀光名山之一，其名稱源於冬季積雪映白的壯觀山容。雪嶽山不僅是韓國東北部的自然象徵。位於江原道的雪嶽山（Seoraksan）海拔約 1,708 公尺，是韓國東北部的代表性名山。四季變化明顯，冬季雪景壯麗，秋季楓紅染山，吸引無數健行者與觀光客。園內不僅有百年歷史的神興寺（Sinheungsa）與多處佛教文化遺跡，同時也是賞雪、賞楓與溫泉旅行的熱門選擇 。此外，雪嶽山的峽谷與雲海經常出現在紀錄片與影視作品中，成為表達韓國自然雄偉與人與自然關係的重要場景。

登山，是日常修行，也是文化姿態

三大名山之外，韓國的登山文化之所以能根深蒂固，與「山即生活」的態度息息相關。根據韓國體育振興公社（KSPO）資料，登山是韓國最受歡迎的休閒活動之一。首爾市政府更設有多條城市步道連接各山區，讓市民可於日常中與自然相遇。每逢週末或節慶假期，從全副武裝的中老年登山隊，到親子輕裝健行者，皆可見背包與登山杖的身影穿梭山林。登山不僅是運動，更是社交與精神寄託的

空間。山腳下的「막걸리（米酒）文化」也成為一種獨特的文化；在山腳下與朋友圍坐喝一杯濁酒、分享各自帶來的食物和水果；而在春秋兩季，更是登山賞櫻花、賞楓葉的高峰，各大賞櫻和賞楓節慶隨著每年的盛放期舉行。

我與山的故事

秋天追入智異山國立公園

智異山是韓國最早的國立公園，智異山國立公園成立於 1967 年。智異山範圍涵蓋 3 個道，包括全羅南道求禮郡、全羅北道南原市、慶尚南道咸陽郡、山清郡、河東郡及 15 個邑面等行政區域，是韓國面積最廣的山嶽型國立公園，也是韓國本島最高的山一小白山脈的山峰天主峰，高海拔 1,915 公尺。智異山有豐富的動植物生長與棲息，在高山與溪谷之間，與漢拿山同是韓國人心中的大山，是韓國人的精神。

在智異山五個最美的賞楓地帶，有四個就是位處於求禮部分，隱藏了千年古寺華嚴寺、百濟時代的燕谷寺、至新羅時代的泉隱寺等，每年到訪登山、禮佛、靈修、賞楓的人是絡繹不絕。公園中的稷田谷是著名的賞楓地點，是智異山老姑壇和般若峰之間的山谷，每逢秋天，山谷因楓葉而聞名，每逢 11 月初都的周末周日都會在三紅地帶舉行智異山稷田谷楓葉慶典，是智異山 10 景之一。溪谷兩岸的紅葉和銀杏，加上潺潺流水聲，讓人沉浸在大自然中，因此也被譽為智異山的十大景點之一。智異山稷田谷楓葉慶典是當地的節慶嘉年華，有傳統山寺音樂會、演唱會、體驗活動、傳統美食區、農特產市集等公演和本地文化活動；除此之外，稷田谷山莊有好幾家鄉土飲食的餐廳，可以一嚐山谷中的野菜、柿子、山茱萸、香蔥的鄉土料理。

冬行漢拏山 —— 登威勢岳全記錄

某年二月的清晨，我們整裝待發，準備挑戰濟州島的靈山 —— 漢拏山。背包裏裝滿了保暖衣物、食物與熱飲，心中充滿了期待與一絲緊張。今日的目標，是走過靈室探訪路，登上海拔 1700 米的威勢岳（윗세오름）。

我們駕車前往登山口前，特意繞道 1100 高地（1100 고지）稍作停留。這段路上，白雪覆蓋着杉林，一片靜謐如畫。當車子駛過 1100 高山濕地時，彷彿進入了冰雪童話世界。

抵達海拔 1,280 米的靈室探訪路入口，正是上午九點，我們踏上長約 5.8 公里的登山路徑。這條路線以緩升坡為主，鋪設了大量木階梯和石階，對登山新手也相當友善，是漢拏山幾條登頂路線中最為平易近人的一條。隨着我們

一步步上升，沿途風景不斷變化。我們在其中一處平台望見「靈室奇岩」的壯麗山巒，山嵐與雲霧翻湧，如人間仙境。當陽光透過雲層灑下，眼前的雲海景象更顯迷人，令人忘卻寒冷與疲憊。當我們接近終點時，地勢漸平，積雪與冰面變多，步伐也要更加謹慎。遠遠望見對面山壁上的火山口「頓乃克」（돈내코），便知威勢岳已近在咫尺。中午十二時，我們順利抵達海拔 1,700 米的威勢山岳休憩所。休憩所沒有販售任何物資，登山者皆自備午餐。廣場上已聚集不少韓國登山客，大家拿出熱湯、壽司、水果，互相分享。即便氣溫逼近零下，氛圍卻格外溫暖。我們與友人席地而坐，簡單午餐後稍作拉筋與休息，為接下來的下山行程作準備。

所有漢拏山路線皆屬單日來回，並實施依照季節日落時間調整的入山與下山管制。冬季（11 月至 2 月）規定下午三點前必須從威勢岳啟程下山。我們選擇原路折返靈室探訪路線，終於在下午近三點前，順利回到靈室路線休息所，圓滿完成這次漢拏山威勢岳冬季登山行。

春秋探雪嶽山

雪嶽山是韓國最有名的國家公園，方圓 373 平方公里，海拔最高峰達 1,708 米，因存在眾多珍稀生物品種，於 1982 年被聯合國教科文組織指定為「生物圈保護區」。雪嶽山區跨越束草市、麟蹄郡、高城郡、襄陽郡等四個市郡，以最高峰大青峰為中心。雪嶽山國家公園登山路線眾多，入口共有四個，其中束草市的新興寺最為有名，另外三個入口則為襄陽郡的五色區域、麟蹄郡的百潭寺和將帥台一帶。

新興寺地區售票處購票進入後，在小公園乘坐雪嶽山空中纜車而上的路線。纜車全程約 6 分鐘，下車後步行 20 至 30 分鐘即可到達權金城，一眼盡收雪嶽山的景色。權金城位於雪嶽山小公園內，海拔約 1,200 米，山勢陡峭，是突山中的一處古城遺址，據說高麗時期兩位將軍為了避免戰爭而修建，亦稱雪嶽山城、擁金山城或土土城。

在往雪嶽山的路上，留意途中一段路，這是條名副其實的櫻花隧道；而在中間的韓屋村站，就是雪嶽櫻花節的場地。這是上道門一里的櫻花節慶，屬小區嘉年華的氛圍，遊人可以在櫻花樹下野餐，又有唱歌（老歌）小舞台、兒童體驗活動、各種束草或雪嶽特色農產物和產品等，體驗一下當地賞櫻文化。

7.4 韓國的登山文化特色

在韓國，登山不僅是一項休閒活動，更是一種文化、一種生活方式。從首爾的北漢山到濟州島的漢拏山，從智異山的靜謐山林到雪嶽山的壯麗峽谷，韓國人對山的熱愛深植於日常生活與集體記憶之中。這種對山的親近，反映了韓國人對自然的尊重與對身心健康的追求。

韓國地形多山，約 70% 的國土為山地，這使得山成為韓國人生活中不可或缺的一部分，如韓國人心中的精神象徵。例如，漢拏山（한라산）是韓國最高峰，位於濟州島，被譽為「神的山」。它不僅是自然奇觀，更是韓國人心中的聖地。據韓國民族文化大百科全書記載，漢拏山被視為「民族的山」，其神秘的自然景觀和傳說中的仙人故事，使其成為韓國文化的重要象徵。

登山文化的日常化——從生活到社交

韓國的山多為海拔 2,000 公尺以下的中低山，地勢起伏和緩，適合各年齡層的登山者。韓國的登山路線設計也非常人性化，設有清晰的指示牌、休息區和緊急聯絡設施，確保登山者的安全與便利。其中，濟州島的漢拏山以 1,950 公尺的高度成為全國最高峰，吸引着無數登山愛好者前來挑戰。此外，智異山、雪嶽山、北漢山等國立公園，因其壯麗的自然景觀和完善的登山設施，成為民眾常去的登山地點。

在韓國，登山已成為一種全民運動，根據山林廳的調查，約 78.3% 的韓國成年人每月至少進行一次登山或森林體驗活動。這種普及程度使得登山不僅僅是體育活動，更是一種社交方式。登山的普及是一種社會現象。根據韓國山林廳的調查，2021 年韓國登山人口達到 1,972 萬人，約佔總人口的 38%，即每三人中就有一人每月登山一次以上。這種高參與率使登山成為韓國最受歡迎的休閒活動之一。

登山文化的形成與演變

韓國的登山文化並非一朝一夕形成。追溯至 20 世紀初期，登山作為一種休閒活動開始在韓國出現。然而，真正使登山成為全民運動的轉捩點是在 2003 年韓國實施週休二日制度後。隨着休閒時間的增加，越來越多的人選擇登山作為放鬆身心的方式。此外，2007 年國家公園取消入園費，以及濟州、智異山等地健行路線的開通，也進一步促進了登山活動的普及。登山的普及也帶動了相關產業的發展。在城市中，登山裝備店隨處可見，從專業的登山鞋、背包到功能性服裝，應有盡有。據報導，2018 年韓國人在登山裝備上的花費達到 23 億美元，顯示出這一市場的龐大規模 。這樣的登山熱不只表現在人數上，也反映在市場與文化裏。登山服飾早已跳脫機能性，成為一種風格與社交身份的象徵。許多國際戶外品牌特別為韓國市場推出設計款，戶外用品的熱潮甚至延伸至都市街頭的 “gorpcore” 穿搭。

韓國的登山文化特色

韓國的登山體現出高度的組織性與社會性，有許多登山者加入登山俱樂部，定期舉辦活動，分享經驗與技巧。這些團體不僅促進了成員間的交流，認識新朋友的場所，也在推廣登山文化方面發揮了重要作用。在韓國許多公司和社區組織登山活動，增進成員之間的交流與合作；同樣許多家庭在週末攜老扶幼，一同登山，增進親情；所以首爾週末常見的一幕，就不難看見年輕上班族到退休長者，背着背包，穿戴登山裝備，搭乘地鐵或巴士直奔北漢山、冠岳山、道峰山等地的場面。

韓國的登山文化注重裝備與禮儀，登山者通常會穿着專業的登山服，攜帶登山杖、水壺和食物。在山頂或休息區，大家會分享食物，如紫菜包飯、拉麵、豬手、柑橘等。

對於香港人來說，登山大概分為悠閒輕便型、打卡型、專業型，行山前多數因應所需自行預備糧水，如路線有冬菇亭的士多便可以多一點補給；不過在韓國行山有點不一樣，筆者走過不同的國立公園或道立公園的行山路線，觀察到在韓國行山有幾個特別的地方：

1. 國立公園或道立公園比較受歡迎的行山路線的起點，都有不少人氣的鄉土飲食店，多不缺滋補類的湯品，蔘雞湯、松茸類湯鍋等更是人氣菜單。曾聽一位韓國前輩說道，登山是拌菜，主菜是山腳下的蔘雞湯和山的空氣，先把這個好好吸收，身心就健康了一半，是都市人最佳的療癒行程。

2. 行山路線起點和某些風景展望台，都會有售海鮮煎餅、拌飯、拌冷麵、魚糕湯、韓式刨冰、馬格利酒的小食店和咖啡店。

3. 部分路線起點總有一個販賣場商店街，不管規模大小，都一定有幾間至十多間韓國及外國運動山野用品品牌的店舖，部分更是韓國及國外品牌的特賣場，常常會拾到寶，而萬一急需添加裝備也沒有問題。運動山野用品品牌的店舖，各式各樣，豐儉尤人。

4. 在不同地區、不同季節都可以遇上時令的農產品，例如一到秋天，一箱箱地出產的柿子和半乾柿乾、水梨、水蔘，就成為了我們在路上的零食和拌手禮，筆者最愛在這些地方尋寶，時令水果、韓藥材、當地農產均是寶。

5. 行山途中，按不同地區地形，會見到有溪谷、涼亭、小橋、內盤小平原等地，你也會遇上不少在這些地方席地而座，打開背包拿出馬格利酒、五香豬手、飯卷、柑橘的韓國大叔阿姨，三五成群的聚會，唱着歌大聊特聊，偶爾也會大方地跟路過的小孩子分享食物，很有氣氛。

6. 國立公園和道立公園的行山路線，有很多是春天賞櫻和秋天賞楓的人氣熱點，如光州的無等山證心寺、無等山楓岩亭、全羅南道智異山的華嚴寺、泉隱寺等。

7. 登山無障礙，有不少國立公園和道立公園的登山路線備有無障礙設施，讓所有人都可以有機會登上高處欣賞山岳的美，如無等山的吊椅式纜車和單軌列車、內藏山的登山吊車、海南的頭輪山登山吊車等。

參考資料來源：

https://english.visitkorea.or.kr/web_book/leisure/lan-ct/fall.html?page=page21&utm_source=chatgpt.com)

參考資料來源：https://www.cna.com.tw/topic/newsworld/151/202105310003.aspx?utm_source=chatgpt.com

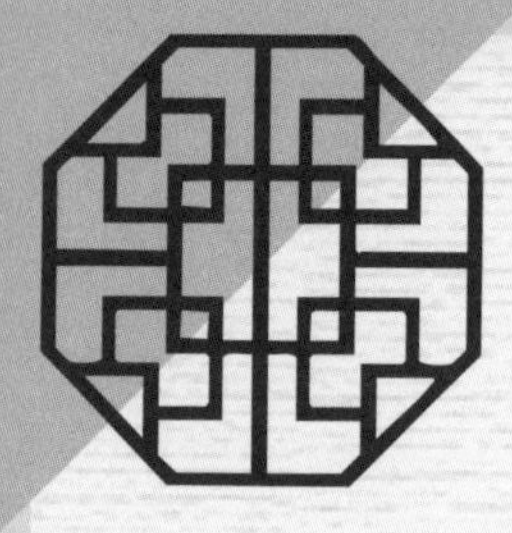

第8章

韓國搜畫。訪記錄精選

구석구석 탐방기

韓國搜畫——實地探索韓國文化與人文風景的十年

過去十年間，作為韓國學研究生、專題考察課程講師、文化旅遊作家和商務項目統籌，我以不同的身份走訪韓國的城市街巷與鄉間角落，記錄韓國文化如何在日常生活中流動與變化。這是一段橫跨學習與生活、研究與感受的路程。

這不只是旅行的足跡，也是對「文化如何被看見、理解與傳遞」的長期觀察。從學術研究到田野筆記，從文化展覽到語言翻譯，每一個階段的工作崗位都帶來不同的視角，也讓我看見同一片土地的多重面貌。

建議你不妨先翻看攝影集，透過圖像直觀地感受這些空間的質地與氣息；也可以先閱讀前段文字，再回頭觀看影像，或許會在閱讀與凝視之間，與我產生某種共鳴

攝於安東的君子村，朝鮮時代學者輩出的韓屋古宅。

K-CONTENT

2025 年 6 月身在仁川國際機場，以 K-Culture Museum 為主題的 LED 展示。

每一年的 BIFF 釜山國際電影節，都是亞洲電影盛事之一

節慶是了解韓國各城市鄉鎮的本土文化最直接的方式之一，地道、鄉土、興致、聚會、派對、音樂、舞蹈都在表現文化的獨特面，當你身處在 3 歲到 80 歲的觀眾同在草地上揮舞，你的感受會更深。

當代韓食

行走韓國，慢慢地發現，有不少融合傳統韓國料理元素、現代飲食觀、不同的烹飪技術及美學的新式韓國料理出現。

宮中飲食研究院是大韓民國的教育機構，1971 年朝鮮王朝宮廷飲食被指定爲重要非物質文化遺產第 38 號。

韓國西海和南海一帶得特有的青海藻（매생이），從《茲山魚譜》等各種記錄中記載是朝鮮時代長興郡的貢品。

斑鰩三合（홍어삼합）斑鰩三合是指水煮五花肉、已發酵的斑鰩和全南老泡菜酸辛奇 (묵은지)。

韓國也有醃漬文化，醬油醃漬海鮮之一代表一醬油蟹。

韓食——越冬泡菜

韓食注重發酵、季節性特徵、強調在地食材的再發掘與永續飲食價值，呈現出多元的樣貌，有山食山，近水食水，一個飯桌、一個韓定食，都可以食出在地城鄉獨有的風味。

在某年的 11 月中旬，收割大蘿蔔和大白菜準備越冬泡菜，天氣寒冷，完成農活後，農家老人家準備以乾蘿蔔纓、蘿蔔、白菜、牛肉的辣湯，有營養兼暖胃！

新鮮切下的蘿蔔纓，也可以成為越冬泡菜或醃成蘿蔔纓辛奇

將大蘿蔔和大白菜收成準備越冬泡菜時，將蘿蔔頂的蘿蔔纓和大白菜葉切下，編成草繩晾乾後貯存，曬乾了的菜乾。

在每年的 11 月中旬，收割大蘿蔔和大白菜準備越冬泡菜，此場景相信越來越難遇上。

韓食——發酵、熟成哲學

韓國發酵、醬料（醬酒）與傳統酒是韓食的核心基礎，透過時間與自然的作用，塑造出韓食獨特的深層風味與健康特質。三醬（大醬、醬油、辣椒醬）決定了韓食的調味基底，而傳統酒則與節慶、祭祀和料理搭配密不可分。近年傳統酒在年輕世代與海外逐漸流行，許多酒廠結合設計、美學與文化導覽，打造品牌。剛剛於 6 月有一個深度的韓國發酵的考察，了解不同地方的農田、酒坊、百年釀造家族、小批釀造、職人酒廠等等，由最原始的食材、氣候、水源和人的故事了解有關不同韓國釀造、發酵、熟成和配對的哲學。

누룩（Nuruk）是用於製作韓國傳統發酵食品的發酵劑。

位於京畿道的구본일발효，以傳統發酵製作釀造的醬油和發酵醋。

位於京畿道的우보농장，以有機栽培和傳統農法爲基礎，再度種植多品種本土水稻。土種水稻原來本有 400 多種。

慶尚北道安東，Andong jinmaek（안동진맥소주），熟成釀造。

以朝鮮時代的方式手工釀造家釀酒。

朝鮮傳統酒하나도가北韓精釀與北韓式下酒菜的故事。

人物風俗

Wellness 一詞常出現，早在多年前，曾採訪過位於江原道一寺廟的僧人，正在以原始石磨咖啡來進行 meditation program。

慶州佛國寺，UNESCO 世界文化遺產

農樂是韓國傳統民俗表演藝術之一，起源於農村社會，是農民在農忙之餘為了祈求豐收、驅邪納福、娛樂與凝聚村落情感而發展出的音樂、舞蹈與儀式的綜合表演形式。

DMZ

在研究中知道原來有關 DMZ 文化地景（Cultural Landscape）的研究，2024 年 5 月，韓國政府宣佈開放 10 條名爲非軍事區（DMZ）和平之路，圖中為金浦德浦鎮炮台 (덕포진 포대)。

由美軍軍營遺址改造成坡州 DMZ 格里夫斯營（Camp greaves）

都羅展望台（Dorasan Observatory / 도라전망대），正面標語：「分斷的終點，統一的起點（분단의 끝，통일의 시작）」。

烏頭山統一展望台前豎立的曹晚植雕像，爲了紀念在日佔時代進行獨立運動、解放後主張民主化民族統一的獨立運動家。

文學空間

展覽通過高清數字視頻展示了澗松藝術博物館收藏的各種畫作，坐在小假山的坐席，聲畫同步欣賞。圖為 Immersive Digital Art Exhibition – The Flow。

國寶級美術館——大邱澗松美術館 KANSONG ART MUSEUM DAEGU。

西村的通義洞保安旅館（보안여관）。

景福宮王室御用圖書館集玉齋（집옥재）開放——每年 4 月至 10 月開放參觀。書架上有朝鮮王朝時代的醫書、儒學文獻、韓國文學的翻譯本及古籍文獻。

濟州島

濟州島東部咸德犀牛峰海邊連同咸德海水浴場一帶與濟州島西部涯月一帶。

記一次冬行漢拿山登威勢岳全記錄，白雪覆蓋，以靈室和御里牧路線初登威勢岳路線，雖然是非登頂的路線，但路線相對容易行，所需時間較短，很多初體驗冬日登山的韓國人，都喜歡以這一路線為入門體驗之選。

位於漢拿山御里牧的天王寺（천왕사）。

在韓國，你會常看到疊石頭（돌탑 / 돌쌓기）的文化現象。

濟州海女（해녀）是濟州島特有的女性潛水採集者群體，她們不依賴氧氣瓶，以徒手潛水方式捕撈海產，如鮑魚、海螺、海膽與海藻。

金羅道

頭輪山，又名大芚山，是韓國最南端的一座山，著名的世界文化遺產——大興寺，亦坐落於此山之中。

稷田谷是智異山老姑壇和般若峰之間的山谷，每逢秋天，山谷因楓葉而聞名。

全羅南道羅州南平銀杏大道 남평 은행나무길

位於順天市的順天灣濕地，擁有一望無際的蘆葦田。蘆葦在陽光下散發出金銀的色澤。

官防堤林是環繞潭陽邑的潭陽川北面的樹林堤防，潭陽獨有的景色。

全州韓屋村是韓國現今仍完整保存古老面貌的傳統聚落之一。

內藏山國立公園內藏寺。

釜山

釜山的都市再生與近代歷史息息相關，它是一座在戰爭、殖民、遷徙與經濟發展之間不斷重塑自我的城市。

影島曾是韓國造船工業的重要基地，這些舊修船倉庫原為造船公司使用，隨產業沒落而閒置。MOMOS COFFEE，是釜山近年結合工業遺產再生與咖啡文化創意的代表場景，也是代表 MADE IN BUSAN 的品牌。

青瓦台

青瓦台本館，青瓦就是指青瓦台主樓的青瓦，是顯著的特徵。

總統舊官邸入口仁壽門

青瓦台

迎賓館，於 1978 年建成，是用來招待來賓，以及與外國首腦會議時舉行官方招待活動的地方。

細探韓國文化之妙

著者
卓惠媛 Joyce Cheuk

責任編輯
李穎宜、蘇慧怡

裝幀設計
羅美齡

排版
楊詠雯、陳章力

出版者
萬里機構出版有限公司
香港北角英皇道 499 號北角工業大廈 20 樓
電話：2564 7511　　傳真：2565 5539
電郵：info@wanlibk.com
網址：http://www.wanlibk.com
http://www.facebook.com/wanlibk

發行者
香港聯合書刊物流有限公司
香港荃灣德士古道 220-248 號荃灣工業中心 16 樓
電話：2150 2100　　傳真：2407 3062
電郵：info@suplogistics.com.hk
網址：http://www.suplogistics.com.hk

承印者
美雅印刷製本有限公司
香港觀塘榮業街 6 號海濱工業大廈 4 樓 A 室

出版日期
二〇二五年七月第一次印刷

規格
32 開（130mm × 185mm）

Published and Printed in Hong Kong, China
ISBN 978-962-14-7635-7

特別鳴謝韓國書藝家**최루시아** (Choi Lucia) 韓文書法題字